RÉSEAU DIAGONALES

Collection dirigée par Étienne Calais



# *Les planches courbes*
# Yves Bonnefoy

## « Dans le leurre des mots »
## « La maison natale »
## « Les planches courbes »

Éric Jacobée
Docteur ès-lettres

Sylvie Jacobée
Docteur ès-lettres

ellipses

*Nous remercions Monsieur Yves Bonnefoy pour les précieuses réponses qu'il a données aux questions que nous lui avons posées, permettant une plus grande précision dans cette étude que nous espérons fidèle à l'esprit de son œuvre.*

*Tous nos remerciements aussi à Monsieur Jean-Pierre Attal, à Madame Nicole Celeyrette Pietri, à Monsieur Michael Bishop rencontré lors du colloque consacré à l'œuvre d'Hédi Bouraoui à l'Université York de Toronto, en mai 2005, pour l'aide qu'ils nous ont apportée.*

*Éric et Sylvie Jacobée*

ISBN 2-7298-2499-5


32, rue Bargue 75740 Paris cedex 15



www.editions-ellipses.fr

# Introduction

Comment mieux amorcer cet ouvrage, consacré au recueil *Les planches courbes* du poète Yves Bonnefoy, qu'en citant John Edwin Jackson, qui écrit dans le journal *Le Temps* du 6 octobre 2001 :

> *Bonnefoy s'y situe au plus près, au plus intime de soi-même, comme si, l'âge aidant, se clarifiaient, sinon s'élucidaient en lui les énigmes auxquelles son œuvre entière aura tenté de répondre. Ces énigmes sont celles à partir desquelles tant d'œuvres poétiques se seront écrites depuis un ou deux siècles : le rapport des mots aux choses, le visage si simple et si inaccessible de la beauté, l'origine de l'inspiration, la relation toujours simple et toujours obscure à la mère, au père, à la voix.*

**Voilà dès lors posée la question de la dimension autobiographique de ce recueil.** Il est sans doute exact, comme le fait ce grand spécialiste de l'œuvre d'Yves Bonnefoy, d'affirmer que rarement la poésie s'est « faite aussi ouvertement autobiographique que dans ce recueil », mais il convient également d'être très prudent avec les exces et les généralisations : *Les planches courbes* dépassent souvent le cadre de la simple autobiographie poétique. Ainsi montrerons-nous par exemple que la section « La maison natale », qui semble parfaitement autobiographique, et qui l'est dans une certaine mesure, faisant allusion à l'enfance, aux figures du père et de la mère, propose également une image de la poésie telle que la conçoit Yves Bonnefoy. Il en va de même de « La voix lointaine » qui, de l'aveu du poète lui-même, dans une lettre répondant à quinze de nos questions, est celle de l'inspiration et de la poésie : « La voix lointaine est celle de la poésie ; l'iambe* celui de la poésie anglaise, reconnu de façon très précise pour sa capacité signifiante ». Le poète y explique aussi que la section « "Jeter des pierres" n'a rien d'autobiographique en un sens étroit, anecdotique, de ce mot. »

Certains commentateurs ont vu également des allusions au surréalisme dans *Les planches courbes*, devinant même la figure d'André Breton dans le passeur se tenant sur sa barque ; Breton passant pour une figure de proue du surréalisme. Dans cette même lettre, Yves Bonnefoy nous répond à ce sujet : « Le surréalisme n'est pas présent dans ce livre (ni Breton) en tout cas de façon consciente... ».

Il faut donc selon nous tenir compte **à la fois** de la **dimension autobiographique** des *Planches courbes* et de **ses rapports avec le reste du parcours poétique de l'auteur**. En effet, **bien des échos nous incitent à voir dans ce recueil un approfondissement de la poétique d'Yves Bonnefoy**, poétique que nous aborderons sans la critiquer, mais plutôt en cherchant à en rendre compte de façon fidèle. Aussi ferons-nous précéder l'étude des *Planches courbes* elles-mêmes d'une présentation succincte des principales étapes de l'œuvre, tant poétique que critique. Une longue étude des sections « Dans le leurre des mots », « La maison natale » et « Les planches courbes », poème après poème, nous permettra d'approfondir la lecture de ces poèmes pour la rattacher aux grands thèmes de l'œuvre d'Yves Bonnefoy. Enfin, quelques questions, rédigées selon la rhétorique propre aux questions du baccalauréat de la série littéraire, nous permettront de revenir sur des aspects importants du recueil (et plus précisément des trois sections portées au programme) qu'ils soient généraux, ou au contraire plus ponctuels.

# Biographie

## Les années de jeunesse (1923-1942)

Yves Bonnefoy est né à Tours, au 67 rue Galpin-Thiou, le 24 juin 1923.

> *De Tours avant la dernière guerre je ne revois que des rues désertes, et c'est vrai qu'elles l'étaient, en un sens profond. Nous habitions un quartier de petites maisons pauvres*

précise-t-il dans *L'Arrière-pays* (collection « Poésie/Gallimard », p. 101). Son père, Marius Élie est contremaître dans les ateliers des chemins de fer qui fabriquent des locomotives et sa mère, Hélène Maury est infirmière. Élie est originaire du Lot, il est né à Bouillac, tandis qu'Hélène a vu le jour dans l'Aveyron, à Ambeyrac. Un premier enfant est né en 1914, Suzanne. Yves fait donc ses premières études à Tours, il entre à l'école Édouard-Vaillant pour les classes primaires, puis au lycée Descartes. Il a treize ans quand décède son père et, cet été 1936, le jeune Yves passe pour la dernière fois ses vacances à Toirac, où vivait Auguste Maury, son grand-père. Cette maison, son environnement, le Lot marqueront profondément le poète et nourriront, plus tard, sa notion du « vrai lieu » :

> *Oui, je trouvais beau ce pays, il m'a même formé, dans mes choix profonds, avec ses grands causses déserts, où affleure la pierre grise, et ses orages de plusieurs jours, quelquefois, au-dessus des châteaux fermés.* [...] *En vérité, ce « massif central », coloré ainsi d'absolu, ressemble beaucoup à l'arrière-pays de mes rêveries ultérieures.* (*op. cit.*, pp. 103-104)

À la rentrée suivante, sa mère est nommée institutrice. Il poursuit ses études au lycée Descartes et décroche, en 1941, un double baccalauréat de mathématiques et de philosophie. Il entre alors en classe de mathématiques supérieures, puis en 1942, en classe de mathématiques spéciales ; obtient, la même année, à l'université de Poitiers, un certificat de mathématiques générales. L'année suivante, tout en conservant la même attirance pour les sciences, l'adolescent décide d'abandonner sa préparation aux grandes écoles et part à Paris.

## **Les débuts littéraires** (1943-1948)

Là, sous couvert de préparer une licence de mathématiques en Sorbonne, il se consacre à la poésie. À partir de 1945, le poète naissant se lie d'amitié avec les artistes surréalistes, rencontre Iaroslav Serpan, Jean Brun, Christian Dotremont, Victor Brauner. Il publie dans l'esprit surréaliste une revue, *La Révolution la nuit*, qui contient « Le cœur-espace », « La nouvelle objectivité », « Anti-Platon », le *Traité du pianiste* et un essai « L'éclairage objectif » qui paraît dans la revue *Les Deux Sœurs* dirigée par C. Dotremont. Le problème crucial en matière poétique, aux alentours de 1945, est alors l'image, conçue comme lieu de l'expression d'une inspiration fulgurante, hors de toute activité de la raison, permettant d'atteindre à l'essentiel, mais également conçue comme moyen de s'opposer au concept. Yves Bonnefoy fréquente André Breton jusqu'en 1947, avant l'Exposition internationale du Surréalisme. Il trouve un emploi à la faculté de Lettres la même année, passe alors sa licence de philosophie et suit les cours de Bachelard à l'Institut d'Histoire des sciences.

## Des rencontres fructueuses (1949-1965)

À partir de 1949, Yves Bonnefoy voyage en Europe, visitant l'Italie, les Pays-Bas et l'Angleterre. La découverte de l'Italie est une révélation :

> [...] *là je découvris, en une heure, inoubliable qu'un monde qui paraissait, chez Chirico, l'imaginaire, l'irréalité, l'impossible, en fait existait bel et bien, sur cette terre, sauf qu'il était renoué ici, recentré, rendu réel, habitable, par un acte d'esprit aussi nouveau pour moi que d'emblée mon bien, ma mémoire, ma destinée* (*op. cit.*, p. 63)

Le poète n'avait fait que rêver d'un ailleurs, il découvre avec la Toscane que ce lieu est réel. Il s'y intéressera du reste toute sa vie, à travers la peinture notamment. À partir de ces voyages, et de la lecture de Stéphane Mallarmé, le jeune homme débute une réflexion sur la **réappropriation du lieu** qu'on trouve dans son recueil, *Du Mouvement et de l'immobilité de Douve*, paru en octobre 1953.

Douve est un personnage mouvant, femme, lande, rivière souterraine, falaise ; elle apparaît surtout comme **une métaphore de la mort du sujet** : « Fontaine de ma mort présente insoutenable » (poème XI, in *Poèmes*, collection « Poésie/Gallimard », p. 55). On y rencontre déjà le thème de la barque des morts, du nautonier Charon (p. 65), et du seuil (p. 107). Il écrit la même année un ouvrage d'histoire de l'art, *Les Peintures murales de la France gothique* et rencontre le poète Pierre-Jean Jouve, en novembre 1953.

En 1954, il commence la traduction en français du répertoire shakespearien pour le Club Français du Livre. Il fait la connaissance de Philippe Jaccottet, du peintre Alberto Giacometti et publie, à 35 ans, soit cinq ans après le premier, son deuxième recueil intitulé *Hier régnant désert*, couronné l'année suivante par le Prix de la Nouvelle Vague, décerné par le journal *L'Express*. Ce recueil est caractérisé par un certain retour à des formes prosodiques traditionnelles, comme l'alexandrin, et apparaît comme une recherche esthétique alliée à la conscience aiguë que le *Vrai* est dans l'imperfection.

Le poète part aux États-Unis pour suivre le *Harvard International Seminar* (été 1958) et publie avec le peintre Raoul Ubac un recueil *Pierre écrite* qui sera intégré à un recueil plus vaste en 1965 sous le même titre. Toujours en 1959, Yves Bonnefoy sort *L'Improbable,* premier d'une vaste série d'essais qui reviennent sur ses expériences poétiques ou sur l'écriture elle-même, à la manière d'une synthèse théorique qui scanderait son évolution. Il fréquente les critiques Gaétan Picon et Jean Starobinski. L'année suivante, Jean-Louis Barrault monte à l'Odéon *Jules César* de Shakespeare dans une traduction d'Yves Bonnefoy.

Le rythme des publications s'accélère alors : *Rimbaud* (1961), *La Seconde Simplicité* (1961), *Pierre écrite* (1965), *Un Rêve fait à Mantoue* (suite de *L'Improbable,* 1967). *Pierre écrite* est donc le troisième recueil poétique de l'écrivain, constitué de deux parties, et ponctué de poèmes intitulés « Une pierre ». Cette œuvre voit apparaître un interlocuteur, une **présence**.

## La revue *Éphémère* (1966-1973)

Il participe à la fondation de la revue *Éphémère* (1966-1973) avec Gaétan Picon, Louis-René des Forêts, André Du Bouchet, Jacques Dupin, Philippe Jaccottet, et répond à de nombreuses invitations d'universités étrangères : Londres, Princeton (1967 et 1969). En 1968, il visite l'Inde, le Japon, le Cambodge, l'Iran et publie, en 1970, *Rome, 1630 : l'horizon du premier baroque,* qui reçoit le Prix des Critiques. Il assure également des remplacements à l'Université de Genève, en 1970 et 1972, alors qu'il fait paraître *L'Arrière-pays,* réflexion sur sa propre évolution poétique.

## Une écriture plurielle (1974-2005)

À partir de l'année suivante, il est professeur associé à l'université de Nice et dirige le *Dictionnaire des mythologies* qui paraît en 1980. Parallèlement, il publie *Dans le leurre du seuil* (poèmes, 1975), *Rue Traversière* (récits, 1977), *Le Nuage rouge* (suite de *L'Improbable*, 1977). *Dans le leurre du seuil* apparaît comme un constat de division et une recherche d'unité. Le recueil s'articule autour d'un lieu, une maison en ruine aux pièces multiples. On y retrouve la figure du passeur et l'image du fleuve, symbole multiple.

Yves Bonnefoy est professeur associé à l'Université d'Aix-en-Provence à partir de 1979 et jusqu'en 1981, année où il est élu au Collège de France. Il y tient une chaire d'Études comparées de la Fonction poétique et participe à de nombreux colloques, publie *Ce qui fut sans lumière* (poèmes, 1987), *La Vérité de parole* (suite de *L'Improbable*, 1988), *Quarante-cinq poèmes de Yeats* (traduction, 1989), *Entretiens sur la poésie* (essai, 1990), *Débuts et Fin de la neige*, recueil de poèmes suivi de *Là où retombe la flèche* (1991), enfin, en préface à la collection « Poésie » chez Gallimard, des essais sur Baudelaire, Ubac ou Mallarmé. Son dernier recueil est celui qui nous concerne, *Les planches courbes*, paru en 2001. Aujourd'hui, Yves Bonnefoy reste très actif, participant à des colloques et donnant des entretiens à propos de son œuvre. Au printemps 2005, un colloque lui a été consacré à l'université de Tours, « Poésie et peinture », agrémenté d'une exposition mettant en perspective ses textes et les tableaux qui lui sont chers.

# La poésie des années 1950

Yves Bonnefoy fait partie de ces poètes, comme Philippe Jaccottet ou André Du Bouchet, qui naissent dans les années 1920 et commencent à publier vers 1950. Les années d'entre guerres sont essentiellement marquées par l'explosion surréaliste[1]. Pourtant les jeunes artistes se détachent très vite de cette emprise poétique, dès 1947 pour Yves Bonnefoy. Les poètes surréalistes trouvaient leur inspiration dans le rêve, l'inconscient (la psychanalyse a une place importante dans l'écriture surréaliste, rappelons qu'André Breton la découvre et l'utilise dès la guerre de 1914), ils recherchaient une sorte de fusion entre rêve et réalité qui permettrait d'atteindre la « réalité absolue », la « surréalité ». Ils voyaient l'inspiration comme une fulgurance et pensaient que le langage pouvait spontanément être créateur de poésie, comme l'inconscient (écriture automatique).

Au contraire, les jeunes poètes des années 1950, prennent en compte le monde réel. Dans ce sens, on a pu les qualifier de **poètes du lieu et de la présence**. Les paysages et les objets prennent ici une valeur particulière. Et ce n'est pas un lieu abstrait dont ils parlent mais bien d'un endroit réel, protégé, comme le jardin, le verger, la maison, lieux intimes, loin de la civilisation bruyante, qui permettent encore d'éprouver un sentiment de retour à l'essentiel. Ces lieux, clos le plus souvent, favorisent une sorte de dialogue entre le monde sensible et l'artiste. On retrouve donc une atmosphère bucolique*, alimentée chez Yves Bonnefoy par des souvenirs d'enfance dans le Lot.

---

1. Cf. *Le Surréalisme* par Pierre Grouix, collection « Réseau », Ellipses, 2001.

*Un dieu jeune passait à gué le fleuve,*
*Le berger s'éloignait dans la poussière,*
*Des enfants jouaient haut dans le feuillage,*
*Rires, batailles dans la paix, les bruits du soir,*
*Et l'esprit avait là son souffle, égal...* (*Dans le leurre du seuil,* p. 255)

*Et beauté pastorale*
*Nue, pour ouvrir*
*À des bêtes mouillées, au froid du jour,*
*L'enclos du simple* (p. 309)

Les mots doivent servir l'émotion, sans l'alourdir. Ils se doivent d'être légers, voire transparents. Leurs poèmes sont donc courts, dans un style souvent dépouillé. Pour accentuer cet effet, André Du Bouchet joue avec des blancs dans la typographie. **Le poète**, à leurs yeux, **n'a pas une fonction de pédagogue**, il ne possède aucune Vérité qu'il devrait transmettre aux autres hommes ; il tente seulement de s'exprimer simplement pour vivre plus pleinement et aider les hommes, comme si la deuxième guerre mondiale avait fait table rase de leurs certitudes, mais qu'ils privilégiaient l'espoir plutôt que le pessimisme quant à la nature de l'Homme. C'est d'ailleurs ce qu'écrit Yves Bonnefoy dans « L'acte et le lieu de la poésie » (1959) :

*Je voudrais réunir, je voudrais identifier presque la poésie et l'espoir.*

La poésie ne peut plus être, comme à certaines époques médiévales ou plus récemment, avec le Surréalisme, un jeu sur le langage, elle doit être active, engagée au sens où elle vise un apaisement, un réconfort vecteur de bonheur.

Yves Bonnefoy, Philippe Jaccottet, André Du Bouchet, Jacques Dupin se retrouvent autour d'une réflexion commune sur la poésie et le langage poétique qui les amène à analyser les œuvres d'autres poètes, comme Shakespeare ou Yeats, que traduit Yves Bonnefoy, ou comme Baudelaire auquel il consacre une étude. Ils sont également proches des peintres qu'ils fréquentent assidûment et avec lesquels ils travaillent : c'est le cas de Raoul

Ubac qui collabore avec Bonnefoy pour *Pierre écrite*, recueil publié par la galerie Maeght en 1958. Ce sera le cas également de Giacometti, dont les sculptures épurées et dépouillées apporteront beaucoup aux poètes du groupe (Bonnefoy écrit un essai sur l'artiste en 1991, *Alberto Giacometti, biographie d'une œuvre*).

On retrouve ces différents aspects dans la revue *Éphémère*, fondée en 1966, qui réunit essayistes, poètes, peintres, dont Gaétan Picon, André Du Bouchet, Jacques Dupin, Louis-René des Forêts, Paul Celan (poète juif allemand, né en 1920 et décédé en 1970), Michel Leiris, Maurice Blanchot, Jean Starobinski... Cette revue est l'occasion d'échanges, ce n'est pas une école. Elle se définit ainsi, dans un article du *Monde des livres* (28 février 1968) :

> *Le titre de la revue n'a rien à voir avec le problème de sa plus ou moins longue carrière, mais fait allusion à une certaine expérience du réel que la poésie à la fois assume et consume, et qui est, de ce fait, essentiellement instable, fugitive.*

C'est donc l'acte de création qui réunit les divers collaborateurs de la revue, en particulier **l'acte de création poétique**, ainsi que la difficulté d'écrire, une réflexion sur la complexité des mots, leurs connotations, la recherche de l'émotion dans le poème.

Si, comme les surréalistes, ils repoussent les idées reçues, les *topoï*, ils se méfient toutefois de l'imagination et de ses excès. En cela, la métaphore leur paraît suspecte car elle offre une infinité de possibles, qui noie le sens. Bonnefoy n'hésite pas à déclarer « la guerre contre l'image » dans un premier temps car il privilégie l'unicité de l'expression puis, en toute connaissance du risque, l'innocente. Comme le langage tout entier, l'image peut être trompeuse mais permet aussi de traduire le réel. Jaccottet, de la même manière, soupçonne l'image poétique d'établir des liens étranges entre les objets qui pourraient donner l'impression que l'on a saisi un réseau de sens secrets expliquant la structure interne du monde. Ces poètes recherchent une langue limpide, une langue directe qui tente d'atteindre le sens. Et cette simplicité doit parvenir au sentiment de l'essentiel et de l'universel.

On pourra remarquer que, parallèlement, les jeunes cinéastes des années cinquante suivent la même démarche d'artistes et de critiques analysant leur propre art : c'est le cas de Truffaut, de Godard ou de Chabrol qui écrivent pour *Les Cahiers du cinéma* et réalisent leurs premiers longs métrages. Là encore, la même volonté d'épurer son style, d'aller à l'essentiel, tenter de cerner un sens qui s'échappe toujours. Le cinéma de la Nouvelle Vague ne se réfugie pas dans l'imaginaire symbolique, comme Cocteau. Il parle du réel, se méfiant du langage trop apprêté, pour essayer de toucher le cœur de l'homme, en toute simplicité.

Première partie

# Étude de l'œuvre

## L'œuvre d'Yves Bonnefoy

L'œuvre d'Yves Bonnefoy est avant tout celle d'un poète, mais c'est aussi celle d'un critique, critique littéraire et critique d'art. Même si cette œuvre a évolué dans le temps (et comment pouvait-il en être autrement ?), elle possède une grande cohérence. On gagnera toujours à connaître le va-et-vient constant existant entre les recueils de poèmes, qui se situent en son centre, et les œuvres de critique, où se nourrit la réflexion sur l'art, la littérature et la poésie. Nous nous proposons ici, afin de compléter la présentation de cette œuvre, de rendre compte assez rapidement du contenu des principaux recueils ainsi que des principales études de l'écrivain. Nous n'entendons pas résumer chacun de ces essais, ce qui serait impossible, mais en **extraire certains passages qui nous semblent importants pour bien comprendre l'œuvre poétique de Bonnefoy, et surtout** ***Les planches courbes***. Pour ce qui concerne un compte rendu plus exhaustif de ses essais, on peut renvoyer à la partie IV d'*Yves Bonnefoy* de John E. Jackson (« Poètes d'aujourd'hui », Seghers, p. 43 *sqq.*).

Dans sa préface de l'édition des *Poèmes* d'Yves Bonnefoy de la collection « **Poésie/Gallimard** » (édition à laquelle nous nous référerons ici pour les citations et notamment la pagination), Jean Starobinski nous invite à prêter beaucoup d'attention aux épigraphes* choisies par le poète. En effet, celui-ci est épris de lucidité et cet intertexte ne peut que nous aider à lire l'œuvre et à la comprendre. Ce critique affirme d'abord que les citations de Shakespeare choisies comme épigraphes* des recueils *Dans le leurre du seuil* (1975) et *Pierre écrite* (1965) indiquent le double thème dominant tout le travail de Bonnefoy : il y est question tout d'abord du **monde**, ou d'un monde, « c'est-à-dire d'une totalité cohérente, et d'un ensemble de rapports *réels* ». Mais, d'autre part, « l'existence même de ce monde est en suspens ». La première citation est extraite du *Conte d'Hiver* (V, 2) : « *They look'd* *as they heard of a world ransom'd, or one destroyed.* » « On eût dit qu'ils venaient d'apprendre la nouvelle d'un monde redimé ou d'un monde mort. » La seconde est extraite de la même pièce (III, 3) : « *Thou mettest with things dying ; / I with things new born* ». « Tu as rencontré ce qui meurt, et moi ce qui vient de naître. » L'existence même du monde est en suspens, à cause de l'alternative primordiale opposant *ransomed* et *destroyed, things dying* et *things new born.* Selon Jean Starobinsi toujours, « l'œuvre poétique indique par là son souci originel, le lieu de son surgissement, qui est l'instant du *péril*, où tout balance entre vie et mort, entre "rédemption" et "perdition" ». D'autre part, l'épigraphe* de *Du Mouvement et de l'Immobilité de Douve* (1953), tirée de Hegel, évoquait déjà la vie de l'esprit confrontée à la mort : « Mais la vie de l'esprit ne s'effraie point devant la mort et n'est pas celle qui s'en garde pure. Elle est la vie qui la supporte et se maintient en elle. » Quant au thème du monde, ne le trouvait-on pas déjà au début d'*Hier régnant désert*, par l'intermédiaire de l'*Hypérion* de Hölderlin : « Tu veux un monde, dit Diotima. C'est pourquoi tu as tout et tu n'as rien » ? Les citations de Hegel et d'Hölderlin actualisent les notions néoplatoniciennes de l'Un, de la division et de la réintégration. Ces mots venus du passé incitent le poète, et son lecteur, à **appréhender le *présent* du langage « comme un moment où doit renaître la relation humaine, à partir d'un état de dispersion. »**

Selon le critique John E. Jackson, d'autre part, le thème de l'espoir s'avère également majeur dans cette œuvre. « C'est bien d'espoir, en tout cas, affirme-t-il au début de sa présentation de la collection "Poètes d'aujourd'hui", que parlent les premiers textes qui nous soient parvenus de Bonnefoy ». C'est en 1946 que le poète a réuni sous le titre *La Révolution la nuit* des textes d'inspiration surréaliste mettant déjà en avant ce thème, que nous retrouverons par ailleurs.

Sans doute, par l'intermédiaire de ces deux critiques, trouvons-nous là en effet les questions majeures de l'œuvre.

## ***Du Mouvement et de l'immobilité de Douve*** (1953)

On a souvent affirmé que c'est avec ce recueil qu'Yves Bonnefoy a réellement trouvé sa voie personnelle en poésie. Sa composition est essentielle et forme le théâtre de sa signification. Il comprend cinq sections. Une marche vers le « vrai lieu » finit par l'emporter sur « l'immobilité ». Ce « vrai lieu » apparaît comme l'aboutissement, après cinq étapes, ou cinq actes, du combat de la « vie de l'esprit » avec la mort, comme l'indiquait l'exergue tiré de la *Phénoménologie de l'esprit* de Hegel. C'est ce combat qui permet au locuteur d'atteindre une première fois le « vrai lieu » de son identité propre. Ce « vrai lieu », c'est un « monde second » (titre d'un essai compris dans *Le Nuage rouge*), un « pays », un lieu habitable ayant rapport au réel et son fondement dans l'acte de parole. Quant à Douve, elle s'y incarne dans la première section, « Théâtre », de différentes façons, tantôt femme luttant contre le vent (p. 45), tantôt « lande résineuse » dormant auprès du locuteur (p. 48), « rivière souterraine » puis « falaise d'ombre, frontière de la mort » (p. 50), « fontaine de [sa] mort présente insoutenable » (p. 55). Ce n'est pas un concept. Selon Yves Bonnefoy d'ailleurs, comme le rappelle Jean Starobinski, « le concept universalise la pensée de l'objet, mais manque l'objet lui-même, dans sa présence finie. » C'est une figure féminine de putréfaction, vouée à la terre et sujette aux métamorphoses. Elle est associée à la terre :

*Couverte de l'humus silencieux du monde,*
*Parcourue des rayons d'une araignée vivante,*
*Déjà soumise au devenir du sable*
*Et tout écartelée secrète connaissance.* (poème XI, p. 55)

*O douée d'un profil où s'acharne la terre,*
*Je te vois disparaître.* (poème XV, p. 59)

Cette présence de la mort est abordée comme une connaissance qui a connu « l'ordalie » de la finitude qui s'assume. Elle apparaît donc comme un facteur d'ouverture vers le réel :

*Ainsi avions-nous cru réincarner nos gestes,*
*Mais la tête niée nous buvons une eau froide,*
*Et des liasses de mort pavoisent ton sourire,*
*Ouverture tentée dans l'épaisseur du monde.* (poème XIX, p. 63)

Bonnefoy nous propose donc une poésie où le « je » du locuteur interroge son rapport au monde et ne pratique pas une introspection de plus, comme l'a très justement fait remarquer John E. Jackson dans *La Question du sujet. Un aspect de la modernité poétique européenne : T. S. Eliot, Paul Celan, Yves Bonnefoy* (Neuchâtel, La Baconnière, 1978). Douve est interpellée dès le début du recueil : *toi*, c'est autrui, la réalité en dehors de *moi* ; par réversibilité, ce pourrait être aussi un appel s'adressant à Bonnefoy lui-même : « Toi, le poète, qu'as-tu à nous apprendre ? »

Le premier poème de la section « Derniers gestes », intitulé « Aux arbres », raconte que, menée dans la barque des morts, Douve tente de dialoguer avec le passeur. Nous citons ce poème car il trouvera un écho dans le recueil au programme, notamment dans le poème « Les planches courbes » :

*Vous fibreuse matière et densité,*
*Arbres, proches de moi quand elle s'est jetée*
*Dans la barque des morts et la bouche serrée*
*Sur l'obole de faim, de froid et de silence.*

*J'entends à travers vous quel dialogue elle tente*
*Avec les chiens, avec l'informe nautonier,*
*Et je vous appartiens par son cheminement*
*À travers tant de nuit et malgré tout ce fleuve.* (p. 65)

On remarque que Douve paie son obole au passeur, sorte de Charon du mythe antique, avec la « faim », le « froid » et le « silence », toutes matières sensibles. John E. Jackson affirme à ce propos que c'est « le sensible qui s'est fait ici le lieu de l'intention signifiante, fondant du même coup pour Bonnefoy la possibilité poétique du mythe. » (*op. cit.*, p. 20)

Le poème « Vrai corps » associe la relation avec Douve à la relation poétique :

*Close la bouche et lavé le visage,*
*Purifié le corps, enseveli*
*Ce destin éclairant dans la terre du verbe,*
*Et le mariage le plus bas s'est accompli.* (p. 77)

Le passage obligé par la mort pour atteindre à la vie et au « vrai lieu » donne un nouveau sens aux présences les plus simples : la terre, l'eau, le feu, la pierre, le vent, la nuit ou l'arbre. Comme le remarque à juste titre Jean Starobinski : « Il appartient désormais à la poésie, ou du moins à une nouvelle pratique de la parole, d'inventer un nouveau rapport au monde. » (*op. cit.*, p. 16).

Cette **présence** obligatoire de la mort occupe une place centrale dans le recueil, par l'intermédiaire de la section « Douve parle ». Grâce à elle, le locuteur va connaître sa propre vérité autant que celle du monde, qu'il doit « connaître » et « nommer ».

*Que le verbe s'éteigne*
*Sur cette face de l'être où nous sommes exposés,*
*Sur cette aridité que traverse*
*Le seul vent de finitude.*

[...]

*Que le verbe s'éteigne*
*Dans cette pièce basse où tu me rejoins,*
*Que l'âtre du cri se resserre*
*Sur nos mots rougeoyants.*

*Que le froid par ma mort se lève et prenne un sens.* (poème III, p. 85)

La quatrième section se présente comme l'avant-dernière étape du cheminement vers le « vrai lieu ». C'est « L'orangerie », où mouraient Anne et Jean Basilide dans L'*Ordalie !* Récit et poème sont intimement liés. Certains vers de cette section semblent une variation poétique de l'histoire de Jean. L'orangerie, par le poème, redevient une présence réelle, un lieu d'incarnation se réalisant grâce au sensible. La mort amoureuse qui s'y joue métaphorise la relation du *je* du locuteur à Douve :

*Ainsi marcherons-nous sur les ruines d'un ciel immense,*
*Le site au loin s'accomplira*
*Comme un destin dans la vive lumière.*

*Le pays le plus beau longtemps cherché*
*S'étendra devant nous terre des salamandres.* (p. 93)

La salamandre est capable, dit-on, de traverser le feu sans encombre. Le locuteur et Douve sont parvenus pour la première fois dans leur « vrai lieu ». Il faut noter qu'Yves Bonnefoy revient sur ce thème de la salamandre dans *Un Rêve fait à Mantoue* (1967), publié ensuite avec *L'Improbable* (1959 puis 1980), « La poésie française et le principe d'identité », IV (Gallimard, « Folio-essais », p. 248) : « Et j'imaginerai, ou me rappellerai — on verra peut-être plus tard que les deux notions s'équivalent — que j'entre un jour d'été dans une maison en ruine et vois soudain, sur le mur, une salamandre. » Le poète analyse ce que lui apporte sa perception, puis sépare en esprit « cette autre petite vie des autres données du monde » pour la classer. Celle-ci devient « *une* salamandre ». Il ne reste plus qu'à analyser en profondeur ce qui fait *une* salamandre...

Tel est bien sûr le titre de la dernière section. À présent la vie de l'esprit est possible, comme le révèle le poème « Lieu de la salamandre », où le poète semble recueillir les fruits de son travail sur lui-même :

*La salamandre surprise s'immobilise*
*Et feint la mort.*
*Tel est le premier pas de la conscience dans les pierres,*
*Le mythe le plus pur,*
*Un grand feu traversé, qui est esprit.* (p. 111)

### *Hier régnant désert* (1958)

Ce recueil de poèmes comprend quatre sections : « Menaces du témoin », « Le visage mortel », « Le chant de sauvegarde », et « Une terre d'aube ». C'est le recueil d'une crise que Bonnefoy a traversée durant les années 1953-1958, années pourtant riches car c'est pendant cette période que le poète écrivit la plupart des essais présents dans *L'Improbable.* Le titre, énigmatique, a pu être inspiré par celui du tableau d'un peintre moderne, Giacometti, *Hier, sables mouvants.* La similitude de construction syntaxique est pour le moins frappante. On est marqué dans ce recueil par un retour à une forme poétique assez traditionnelle, notamment à l'alexandrin rimé. John E. Jackson y voit un recueil de transition, dans lequel le poète aura ensuite du mal à se reconnaître (*op. cit.*, pp. 30 et 31). Il faut néanmoins, comme dans le recueil précédent, tenir compte de la **progression** dans *Hier régnant désert.* Le poète n'y utilise que quelques mots, expressions ou champs lexicaux phares, qu'il considère alors comme des symboles : l'herbe, la pierre, l'oiseau à l'épée, le feu, l'ombre. Le locuteur semble avoir renoncé à analyser la finitude de l'espace qu'ils composent, et se pose la question du sens, sans parvenir à la résoudre. Ainsi lit-on dans le deuxième poème de la première section :

*Vois, déjà tous chemins que tu suivais se ferment,*
*Il ne t'est plus donné même ce répit*
*D'aller même perdu. Terre qui se dérobe*
*Est le bruit de tes pas qui ne progressent plus.* (*Poèmes*, p. 118)

Au réel « réalisé », avouera Bonnefoy lui-même, l'esprit ne demande ici aucun possible. Le poète a abandonné le travail d'invention de la forme. Il faudrait accepter la finitude (comprenons aussi la mort) pour elle-même, en fuyant le rêve, de façon à retrouver notamment le lieu et la présence. Dans la deuxième section, le lieu semble trouvé dans des poèmes intitulés « Veneranda », une peinture murale représentant une femme en prière vue dans des catacombes de l'époque romaine.

*L'orante est seule dans la salle basse très peu claire,*
*Sa robe a la couleur de l'attente des morts,*
*Et c'est le bleu le plus éteint qui soit au monde,*
*Écaillé, découvrant l'ocre des pierres nues.*

[...]

*Tu es seule, tu as vieilli dans cette chambre,*
*Tu vaques aux travaux du temps et de la mort.*
*Vois pourtant, il suffit qu'une voix basse tremble*
*Pour que l'aube ruisselle aux vitres reparues.* (p. 140)

Le poème s'inscrit dans une durée. Nous n'en sommes plus à l'écriture de l'immédiat pratiquée dans *Douve.* De plus, Veneranda peut déjà apparaître comme une « présence ».

Pourtant, le poème le plus célèbre, ou du moins le plus commenté du recueil est « L'imperfection de la cime ». Ce poème affirme que la vérité de la réalité, c'est son imperfection elle-même. Elle ne saurait atteindre à la pureté. Les vers qui suivent pourraient être retenus par cœur, tant ils illustrent bien la poétique de Bonnefoy :

*Aimer la perfection parce qu'elle est le seuil,*
*Mais la nier sitôt connue, l'oublier morte,*

*L'imperfection est la cime.* (p. 139)

*L'Improbable* est un recueil d'essais sur la poétique comprenant trois parties : *L'Improbable* (suivi d'*Un Rêve fait à Mantoue*) ; *Le Nuage rouge* ; *La Vérité de parole.* Nous traiterons néanmoins de ces trois parties séparément, car de nombreuses années séparent les premières réflexions des plus récentes.

### *L'Improbable* (1959 puis 1981)

Neuf essais composent ce livre, dont « Les Fleurs du Mal », « Paul Valéry », « L'acte et le lieu de la poésie ».

« Les Fleurs du Mal » sont présentées comme « le maître-livre de notre poésie ». Jamais en effet la vérité de parole n'y a été aussi parfaite selon Bonnefoy (p. 31). S'interrogeant ensuite sur la notion de discours dans le recueil de Baudelaire, le poète du XX$^{e}$ siècle conclut : « S'il n'y a pas de poésie sans discours — et Mallarmé lui-même l'avoue — comment, donc, en sauver la vérité, la grandeur sinon par un appel à la mort ». Mais pour cela, il faut que celui qui parle s'identifie à la mort. Ce sera souvent le cas du poète dans l'œuvre de Bonnefoy, et notamment dans *Les planches courbes.* Baudelaire quant à lui a su nommer la mort, il a fait ce « pas improbable » (p. 34).

L'essai sur Paul Valéry est intéressant car, alors qu'il a toujours été fasciné par ce poète entendu en 1944 au Collège de France (p. 104), Bonnefoy l'égratigne sérieusement. C'est selon nous parce qu'il tue ici un peu le maître, parce que sa propre poétique s'affirme. Aussi est-il bon de lire ces réflexions pour comprendre, en contrepoint, ce qui fait la spécificité de la poésie de Bonnefoy au plus profond. La poésie de Valéry, en effet, possédait selon lui une force mais il l'aurait gâchée en étant trop obscur. Contrairement à Baudelaire, d'autre part, Valéry « n'a pas su qu'on avait inventé la mort. » De plus, les approches de Baudelaire et de Pascal paraissent « butées » (p. 101). Ne reste de Valéry qu'un *jeu,* or « la vraie malédiction en ce monde est d'y être réduit au jeu. » On retiendra donc que la poésie de Bonnefoy ne se veut en aucun cas ludique, et, une nouvelle fois, que le thème de la mort y est central.

Dans « L'acte et le lieu de la poésie », le poète insiste encore sur la notion de l'espoir, jusqu'à affirmer qu'il voudrait pratiquement l'associer à la poésie (p. 107). La parole ne nous permet pas d'échapper au néant, comme Mallarmé l'a parfaitement dit dans le « Coup de dé » (p. 111). D'où l'échec de l'espoir ancien. La poésie a besoin d'un autre espoir. La mort la fascine. Surtout, comme Hegel l'a démontré, la parole ne peut rendre compte de l'immédiat. Baudelaire, déjà mort à l'*ici* et au *maintenant,* par exemple, n'a plus à les décrire, et c'est ce qui fait la grandeur de sa poésie (p. 117).

Citant le poème « Mémoire » de Rimbaud, Bonnefoy en est venu à penser que la poésie moderne, poésie sans les dieux, doit « juger du pouvoir des mots » (p. 109). Quant à la syntaxe, « elle ne sera jamais qu'une métaphore de la syntaxe impossible, ne signifiant que l'exil » (p. 110).

Bonnefoy corrige ensuite certaines idées reçues à propos des poètes ayant écrit après Baudelaire et Rimbaud. Si, chez les surréalistes, « il y a eu l'impossible désir d'une invention collective », aujourd'hui, la poésie revient à un profond réalisme (p. 121). **La fin de cet essai peut nous aider à mieux comprendre la section « La maison natale » des *Planches courbes*, et à ne pas y voir qu'une dimension autobiographique.** Elle explique en effet que la poésie a désiré pendant longtemps habiter dans « la maison de l'Idée ». Or on l'en a chassée. Il faut que la poésie moderne trouve sa propre maison (on pourrait dire encore son « vrai lieu »), car elle « est loin de sa demeure possible. » Sa chance, dans l'avenir, c'est « ce que peut ouvrir la *présence* ». On pourrait voir un écho au poème en prose « Rouler plus vite » de la section « Jeter des pierres » des *Planches courbes* dans la dernière phrase de cet essai, parachevant cette réflexion sur la présence : « Était-ce donc si difficile ? Ne suffisait-il pas d'apercevoir, au flanc de quelque montagne, une vitre au soleil du soir ? » (p. 133).

### ***Pierre écrite*** (1965)

Dans ce recueil, nous pouvons dire que nous passons de l'expression d'un *je*, dominante dans les deux premiers recueils, à celle d'un *nous*. L'autre y fait en effet partie de la réalité. Certains commentateurs affirment que cette évolution est due à un événement touchant l'existence du poète, l'amour, la rencontre de sa deuxième épouse. De fait, la parole née de la relation amoureuse est une parole de la présence, comme dans le poème VIII de la première section, « L'été de nuit » :

*O notre image encor,*
*Tu portes près du cœur une même blessure,*
*Une même lumière où bouge un même fer.* (p. 192)

Comme dans *Les planches courbes*, de nombreux poèmes s'intitulent « Une pierre ». Ce sont des « pierres écrites », les unes après les autres. On gagnera sans doute à rapprocher ces poèmes, et l'on pourrait se demander si, à leur tour, *Les planches courbes* ne proposent pas des « pierres écrites », mais ces poèmes sont souvent difficiles à interpréter. Ils font penser à des pierres tombales : il s'agit donc bien encore d'affronter la mort. Ils évoquent aussi la pierre que déchiffrent des bergers d'Arcadie dans le célèbre tableau de **Nicolas Poussin**, peintre auquel Bonnefoy fait souvent allusion dans ses essais.

*Prestige, disais-tu, de notre lampe et des feuillages,*
*Ces hôtes de nos soirs.*
*Ils tirent jusqu'à nous leurs barques sur les dalles,*
*Ils connaissent notre désir de l'éternel.* (p. 203)

### *Un Rêve fait à Mantoue* (1967)

L'extrait de cet essai faisant allusion à la salamandre, dans « La poésie et le principe d'identité », est important pour bien comprendre la poésie de Bonnefoy. Se demandant ce qu'est exactement « *une* salamandre », le poète en vient à découvrir « l'angoissante tautologie des langues, dont les mots ne disent qu'eux-mêmes, sans prise vraie sur les choses — qui peuvent donc se détacher d'eux, s'absenter. » Il appelle ce phénomène « **mauvaise présence** » (p. 249, Gallimard, « Folio-essais »). La poésie au contraire doit parler de l'unique, *l'Un* étant pour le poète « la grande révélation » (p. 250). Ensuite, Bonnefoy définit la « **présence** » (V, p. 251 *sqq.*).

### *L'Arrière-pays* (1972 puis 1992 pour l'édition revue et corrigée)

Ce récit est très largement autobiographique. Yves Bonnefoy y raconte certains des voyages qui l'ont marqué, notamment en Italie, où il découvrit vraiment la peinture de la Renaissance. Définissant d'abord les « vrais lieux » qu'il a pu rencontrer dans la réalité, il se sert de toute la seconde moitié du livre pour expliquer ce que la peinture italienne a apporté à sa propre poétique, n'hésitant pas à affirmer qu'elle l'a formé.

***Dans le leurre du seuil*** (1975)

Ce recueil a beaucoup de rapports avec *Les planches courbes*. Yves Bonnefoy n'avait peut-être jamais écrit d'œuvre aussi réflexive. C'est un poème unique divisé en sept sections, présentant l'évolution d'un devenir, la création d'un sens comprenant le *moi*, le monde extérieur et l'écrit. Il s'agit de s'y approprier, au sens où l'entendait Hölderlin, un lieu propre à soi-même, figuré par une maison en ruine. (**On pourra voir dans « La maison natale » une sorte de double de celle-ci**.) Le recueil présente la poésie comme un combat entre la rédemption et l'anéantissement, combat que la rédemption devrait gagner.

Nous lisons dès les premiers vers de la première section, « Le fleuve » :

*Mais non, toujours*
*D'un déploiement de l'aile de l'impossible*
*Tu t'éveilles, avec un cri,*
*Du lieu, qui n'est qu'un rêve. Ta voix, soudain,*
*Est rauque comme un torrent. Tout le sens, rassemblé,*
*Y tombe, avec un bruit*
*De sommeil jeté sur la pierre.* (p. 253)

Nous retrouverons cet instant de l'éveil à maintes reprises, dans la section « La maison natale » des *Planches courbes*. Ce lieu naît dans le poème en même temps que la parole. **Tout le poème cherche l'unité de l'être, en un point intérieur où commence l'ouverture réciproque au réel.** Or cette unité ne peut être retrouvée que dans le sens. Au départ, dans « Le Fleuve », c'est la dispersion qui l'emporte encore.

*Pourquoi le sens*
*A-t-il coagulé au flanc de l'Ourse,*
*Blessure inguérissable qui divise*
*Dans le fleuve de tout à travers tout*

*De son caillot, comme un chiffre de mort,*
*L'afflux étincelant des vies obscures ?* (p. 254)

Dans les cinq premières sections le lecteur découvre un **passeur, double du moi qui se cherche**. Celui-ci apparaît aussi comme la portion précaire et mortelle de l'individu. Le fleuve (que nous retrouverons comme le passeur dans *Les planches courbes*), est un fleuve de mort. C'est pourquoi le poète fait allusion à la disparition de Boris de Schloezer. Puis le passeur est assimilé à **Orphée**, qui alla aux enfers pour retrouver Eurydice, et dut, par conséquent, franchir le Styx. Mais ce fleuve de mort apparaît rapidement comme un lieu évasé, plus large qu'on ne le pensait d'abord.

La section « Dans le leurre du seuil » montre la difficulté qu'a le moi à fonder et trouver du sens. Il se « heurte » à la diversité des éléments qui plus tard établiront le lieu de la rédemption mais forment encore « seuil ». Le nautonier cherche « l'autre rive » :

*Plus avant que le chien*
*Dans la terre noire*
*Se jette en criant le passeur*
*Vers l'autre rive.*
*La bouche pleine de boue,*
*Les yeux mangés,*
*Pousse ta barque pour nous*
*Dans la matière.*
*Quel fond trouve ta perche, tu ne sais,*
*Quelle dérive,*
*Ni ce qu'éclaireront, saisis de noir,*
*Les mots du livre.* (p. 260)

Les sections suivantes, « Deux couleurs » et « Deux barques », n'en restent pas au rapport du moi avec le réel mais avec son image poétique. Le relais est rendu possible grâce au motif de l'eau. Ce n'est plus l'eau du fleuve des enfers, mais une sorte de miroir, figurant l'image poétique, que nous découvrons au début des « Deux couleurs ».

*Plus avant que l'étoile*
*Dans le reflet*
*Creusent deux mains qui n'ont, pour retenir,*
*Que leur confiance.*
*Cherchent deux mains, brisées,*
*Pour mieux que l'or*
*Et que naisse la vie*
*De rien qu'un rêve.* (p. 271)

Peut-être peut-on déceler ici une secrète allusion à Baudelaire, qui prétendait avec de la boue faire de l'or, grâce au langage poétique. Il s'agit pour Bonnefoy néanmoins de faire plus que de l'or. Ce que l'alchimie de son poème veut faire naître, c'est le sens de la vie, un sens qui ne semble pouvoir exister que par le néant du rêve et de l'image. « Se vouer à l'image, note John E. Jackson, c'est donc une nouvelle fois accepter cette dépossession de soi au profit de ce qui est, ou de ce qui pourrait être, c'est renouveler le geste de confiance à l'endroit de ce qui tout ensemble échappe [...] et sauve, de ce qui, en un mot, n'est d'abord que ce « rien qu'un rêve » — rêve d'un sens possible — dont doit naître la vie. » Si le possible de **l'image** est infini, l'est aussi la volonté de **présence** pour le moi. Mais la création poétique connaît un paradoxe, car elle trouve son terme à l'endroit de son incarnation. Ce terme est symbolisé dans la section « Deux barques ». Voilà pourquoi nous trouvons chez Bonnefoy une perpétuelle reconnaissance de la **limite**.

Une fois le fleuve traversé, on peut atteindre alors à « La terre ». « Le signe est devenu un lieu ».

*Regarde,*
*Ici, sur la lande du sens,*
*À quelques mètres du sol,*
*C'est comme si le feu avait pris feu,*
*Et ce second brasier, dépossession,*
*Comme s'il prenait feu encore, dans les hauts*
*De l'étoffe de ce qui est, que le vent gonfle.* (p. 288)

Ce qui a fleuri ainsi, « c'est l'or qui est en nous » (p. 290). John E. Jackson ajoute : « En d'autres termes, le sens de l'« ascèse » du passeur, c'est de lui faire reconnaître son propre néant ; mais aussi bien, de lui faire saisir que ce néant, lorsqu'il s'accepte, devient la condition même d'une adhésion : *je* ne suis rien par moi-même, mais ce rien peut devenir le tout de ce qui n'est pas moi, lorsque au rêve de mon autonomie, j'ai préféré l'ouverture à ce qui est. [...] le moi peut s'écrier dans un acte d'adhésion fondamental qu'il *est* — qu'il est devenu — tout ce qui jusque-là restait simple objet de sa perception ; qu'il est passé, pourrait-on dire, du stade de la réflexion ou de la contemplation à celui de la présence. » (p. 85).

La section « Les nuées » réalise la réévaluation de l'identité propre du locuteur. Alors sera possible l'union des éléments « épars » devenus à présent « l'indivisible », dans la dernière section.

*Les mots comme le ciel,*
*Infini*
*Mais tout entier soudain dans la flaque brève.* (p. 332)

Celle-ci pourrait nous faire penser à une sorte **d'Art poétique assez développé, profondément ancré dans le réel et le « vrai lieu » du poète.** Les simples objets du quotidien y deviennent ceux d'une foi en la poésie. L'écriture naît d'une simultanéité et d'une ubiquité.

### *Le Nuage rouge* (1977)

Cet essai se compose de huit articles : « Giovanni Bellini » ; « Elsheimer et les siens », « À l'horizon de Morandi » ; « Quelques notes sur Mondrian » ; « Un ennemi des images » ; « Deux souvenirs de Georges Duthuit » ; « Peinture, poésie : vertige, paix » ; « Terre seconde ». Bonnefoy ne s'intéresse pas seulement à la littérature, mais à l'art en général et surtout à la peinture, par l'intermédiaire de quelques peintres suscitant chez le poète des réflexions qui ont un rapport avec sa propre conception.

C'est ainsi qu'il s'explique sur sa volonté de « clarifier » certains mots, comme l'« aube » ou le « feu ». L'infini se situe dans le scintillement de certains mots, non dans leur multiplication.

> *Certains mots — le pain et le vin, la maison, et même l'orage ou la pierre — vont semblablement, mots de communion, mots du sens, se dégager de la trame des concepts. Et un lieu va se faire, de ces assomptions et de ces symboles, qui, bien que rien, certes, dans sa substance dernière, sera notre forme d'homme accomplie, et donc l'unité en acte et l'avènement de l'être, en son absolu. L'incarnation, ce dehors du rêve, est un bien proche.*

L'essai « Quelques notes sur Mondrian » peut nous permettre de mieux comprendre la section « Dans le leurre des mots » des *Planches courbes*. Le peintre Mondrian, dans l'une de ses toiles, « Le Nuage rouge », n'a pas eu peur de peindre le nuage en rouge. Or ce « Nuage rouge » a une valeur d'icône : Mondrian, en le présentant ainsi, en effet, a « cru percevoir la forme qui se détache du rien du monde, la flamme qui transfigure [...] » (p. 55). Ce peintre est moderne, selon Bonnefoy, parce que ce nuage n'est qu'« un reflet déformé de son désir qui se cherche. » Dans nos signes, il n'y a plus Dieu (ou de dieu). Comme l'écrivait Shakespeare au milieu du *Conte d'Hiver*, notre pays (comprendre aussi notre « vrai lieu », notre « monde second »), est un pays désert au bord de la mer, *« a desert country by the sea »*. **Cette citation de Shakespeare peut également éclairer selon nous la lecture des *Planches courbes*, dans lequel le monde est toujours associé à des images maritimes**. L'important, c'est sans doute cette image **d'ouverture** qu'offre la mer. Quant au désert, au néant du monde, à nous de le remplir de simples « présences ».

### ***La Vérité de parole*** (1988)

Neuf essais composent à nouveau ce livre, si l'on excepte l'ajout de *Quelques essais du Nuage Rouge* proposé par la collection « Folio-essai » (Gallimard). Bonnefoy s'y intéresse notamment à la poétique de Nerval et revient sur le rapport de Rimbaud et de sa mère dans « Madame Rimbaud ». Ce travail est fait pour compléter une proposition ébauchée dans *Arthur Rimbaud* (Le Seuil, 1961). Yves Bonnefoy profite de l'étude de **ce rapport mère-fils** pour souligner le caractère concret de l'image dans la poésie de Rimbaud (p. 85). Ce dernier eut l'intuition de la recherche de la « vraie vie » (à laquelle fera aussi allusion Marcel Proust) grâce à ce rapport compliqué avec sa mère. Revenant ensuite à la lettre à Paul Demeny faisant aujourd'hui figure de manifeste, Bonnefoy reconnaît : « Nous sommes empiégés, c'est un fait, puisque nos représentations, nos valeurs, nos comportements font avec nos mots un tout que notre critique ne peut pénétrer qu'en s'affaiblissant, s'altérant » (p. 97). Rimbaud rêve d'une langue universelle, « "langue de l'âme pour l'âme", nous embrasant de l'"amour universel" sans résistance possible. » Convient-il donc de définir la poésie comme la langue spécifique d'un individu ou d'un groupe (allusion sans doute au rêve surréaliste), ou de se demander si toute organisation de signes ne doit pas « s'ouvrir à l'idée de sa propre limite » ? Il existerait deux formes de poésie, et partant deux types de poètes : ceux qui se contentent de leurs mots d'une part, « et tendent donc au poème comme à la *forme formée* qui en réfléchit les relations arrêtées [...] » (Edgar Poe, Nerval, Baudelaire parfois, et même Rimbaud) ; et d'autre part « ceux pour qui les rythmes, les rimes évoquent d'emblée, d'instinct, la forme au-delà de toutes les formes [...] » (p. 108).

L'article « Une écriture de notre temps », consacré à Louis-René des Forêts, est intéressant dans la mesure où Bonnefoy cherche à y montrer pourquoi l'œuvre de cet écrivain a participé au renouvellement de la littérature du XX^e^ siècle. Si ce dernier a révolutionné la pensée poétique, c'est parce qu'il aurait compris « qu'aucune parole ne peut être la représentation fidèle ou complète d'une réalité qui lui préexiste, étant d'emblée l'élaboration d'un univers autonome [...] » (p. 123). En fait, il semble que Bonnefoy continue dans ces essais d'asseoir sa propre poétique en évoquant celle des autres.

« Un poète "figuratif" », consacré à Gilbert Lely, connu pour ses éditions de Sade et sa *Vie de Sade,* montre que la science et la poésie peuvent parfois se rapprocher, de même que la peinture et la poésie. Tout comme le peintre figuratif, l'écrivain figuratif est celui « qui travaille à dégager et à présenter dans son œuvre des formes de l'apparence au premier regard semblables à celles que l'on rencontre dans l'existence vécue [...] » (p. 283). Cela rappelle la formule célèbre du XVII$^{e}$ siècle « **ut pictura poesis** » (la peinture comme la poésie), montrant que la poésie et la peinture « sont les deux aspects d'un même dire ».

***Dessin, couleur et lumière*** (1995)

Cet essai proposé dans la collection « Folio-essais » de chez Gallimard (p. 235 et suivantes) après *Le Nuage rouge,* comprend l'étude « Une Cérès à la nuit, d'Adam Elsheimer » pouvant éclairer les nombreuses allusions pratiquées à l'égard de Cérès dans *Les planches courbes.* Bonnefoy y explique qu'il a été saisi quand il a vu pour la première fois le petit tableau *La Dérision de Cérès* d'Elsheimer. Ce tableau est selon lui porteur d'une « pensée nouvelle ». On se souvient que dans le mythe, tel qu'il nous a été transmis dans les *Métamorphoses*[1] d'Ovide par exemple, la déesse de *la terre* (bonne raison pour Bonnefoy de s'y arrêter, car son œuvre revient à la terre) est allée à la recherche de Proserpine (voir ici le chapitre concernant la mythologie dans *Les planches courbes*). Mais le peintre s'est attaché au moment de la quête le plus difficile à déchiffrer, celui où la déesse parvient dans une pauvre masure. Là, elle a soif, mais un petit garçon se moque de son avidité à boire et la déesse le métamorphose en lézard. Comme la religion romaine n'a plus beaucoup de sens pour un moderne, Elsheimer a pratiqué dans ce tableau une sorte de **récit de rêve** nocturne (ce que Bonnefoy pratique souvent dans ses poèmes, souvenons-nous par exemple que beaucoup des pièces

1. Cf. *Les Métamorphoses* d'Ovide, par C. Durvye, collection « Réseau Diagonales », Ellipses, 2005.

composant « La maison natale » sont écrites immédiatement après un réveil). Il « a fait apparaître ce qui est inhérent à l'activité onirique, mais qui avait été jusqu'alors dénié, censuré par toutes les formes de la recherche spirituelle [...] » (p. 239). Comme Jérôme Bosch, Giacometti dans « *Objet invisible* » a fait paraître devant nous des êtres pseudo-réels, des « montages de signes ». D'autre part, on peut se questionner sur cette Cérès qui cherche son propre enfant et pourtant change en lézard celui d'une autre car il s'est moqué d'elle (p. 243). Cérès connaîtra-t-elle le remords pour ce qu'elle a fait ? Elsheimer a donc posé dans *La Dérision de Cérès* la question de l'amour.

## La composition des *Planches courbes*

L'étude de la composition des *Planches courbes* ne passe pas seulement par celle de la forme et de l'agencement des poèmes mais aussi par le sens. Évoquer cette structure sans faire allusion **aux résonances qu'elle entretient avec l'œuvre antérieure** serait également un « leurre ». En effet, ce récent recueil d'Yves Bonnefoy est lié aux précédents par des échos : « Une pierre » fait ainsi penser à *Pierre écrite*, et « Dans le leurre des mots » à *Dans le leurre du seuil*. D'autre part, *Les planches courbes* apparaissent dans leur ensemble comme un prolongement de la réflexion de Bonnefoy sur le langage poétique et le rôle du poète. Ces effets de résonances, d'intertextualité, se complètent d'effets de résonances internes au recueil, qui font également partie de sa composition, au sens le plus précis du terme. Mais séparons rapidement, dans un premier temps, la forme du fond, par souci de clarté.

## *La forme*

Quelles sont les grandes parties du recueil ? Il y en a sept, elles-mêmes composées parfois de sortes de sous-parties :

1. La pluie d'été
   - La pluie d'été (15 parties réparties en sous-ensembles, dont les titres quelquefois sont repris, soit 31 poèmes au total)
   - La pluie sur le ravin (3 poèmes)
   - À même rive (3 poèmes)
2. La voix lointaine (11 poèmes)
3. Dans le leurre des mots (2 poèmes)
4. La maison natale (12 poèmes)
5. Les planches courbes (1 poème en prose)
6. L'encore aveugle
   - L'encore aveugle (2 poèmes)
   - L'or sans visage (3 poèmes)
7. « Jeter des pierres » (3 poèmes)

71 poèmes en tout donc, répartis en 7 sections de longueurs variables, comprenant d'1 à 31 textes répartis parfois en « sous-sections ».

7 sections, certes, mais qui ne sont nullement indépendantes les unes des autres. L'ensemble au contraire propose une unité déconcertante, toutes étant liées par un réseau de références internes assez dense, jouant d'effets de répétitions : répétitions de titres, de vers, de syntagmes* ou de mots. « La pluie d'été » compte ainsi 9 poèmes s'intitulant « Une pierre », un autre comprenant encore ce mot : « Sur la pierre tachée ». Toujours dans cette première section, trois poèmes d'un même ensemble portant ce même titre débutent par « *Que ce monde demeure* » (pp. 26, 27 et 29), syntagme significatif, car il s'avère central dans la poétique d'Yves Bonnefoy qui, depuis *Douve*, est à la recherche d'un « monde second », d'une « vraie présence » que l'on peut trouver dans la réalité, dans les choses les plus simples, et dont le « leurre » des mots conceptuels nous éloigne.

Les poèmes de toutes les sections semblent se suivre selon une nécessité interne. C'est particulièrement vrai dans « La voix lointaine », où l'on pourrait faire se succéder les 11 titres semblant un court texte (poème lui-même ?) qui aurait un sens, et qui serait en quelque sorte emblématique de la section entière :

*Je l'écoutais, puis j'ai craint Ou bien je l'entendais Et je l'aimais comme j'aime ce son Et la vie a passé Elle chantait, mais comme se parlant Et nul n'a bu au verre Ne cesse pas, voix dansante Ne cesse pas, voix proche Elle chantait : « Je suis » Et ombre elle était bien Elle chantait, et j'ai eu*

On pourrait d'ailleurs faire la même remarque à propos des titres des deux dernières sections :

*Et d'autres* *Mais d'autres Ils me parlent*

Puis :

*Rouler plus vite* *Rouler plus loin* *Jeter des pierres*

Certains titres donnent l'impression que le recueil présente alors une succession de souvenirs empruntés au passé. Dans l'ordre ou dans le désordre ? Si dimension autobiographique du recueil il y a, ce qui nous semble en bien des cas incontestable, seul le poète pourrait répondre de façon valable à cette question. Mais elle lui paraîtrait sans aucun doute mal posée. En effet, le temps ici paraît toujours courbe, comme les planches de la barque. Relatif donc. La parole poétique et la mémoire lui donnent cet aspect singulier, bizarre. Pas de linéarité du souvenir dans ce recueil, comme son titre l'indique déjà, et malgré les apparences données par le recueil lui-même, écouté de l'intérieur ; c'est-à-dire encore de la barque, ou bien de l'océan à la fois quiet et dangereux du poème que mène un passeur étrange, dont l'embarcation incertaine est prête à se dissoudre à tout moment.

On remarque également que le titre du dernier poème est celui de la dernière section et reprend la thématique de la pierre, obsédante dans la première section, « La pluie d'été ». Œuvre ouverte donc, mais composition circulaire aussi, comme l'eût dit

Georges Poulet en son temps. Volonté d'ouverture de la parole mais aussi de cohésion vitale de l'œuvre et du recueil.

## *Le(s) sens*

Toutes ces sections semblent modelées par **une poétique de l'écho**, de la reprise musicale des mêmes thèmes avec variations, la parole semblant d'abord constituée de sons, comme semblent l'indiquer plusieurs poèmes de « La voix lointaine ». Thèmes tranquillement obsédants, néanmoins, puisque très éloignés par exemple des impressions oppressantes suscitées par le *spleen* baudelairien, procédant de ce que l'on pourrait nommer « répétition alternative », tant les reprises de mots ou de syntagmes* y sont fréquentes lorsqu'il s'agit par exemple d'approfondir l'évocation poétique, l'expression du souvenir ou d'une réflexion douce, non teintée d'hermétisme*. L'étude de la composition des *Planches courbes* est donc celle d'**une parole poétique ouverte**, mais **plutôt résonante que vraiment raisonnante**.

Quels sont les liens entre ces différentes sections du recueil ? Il en existe plusieurs, mais, à la réflexion, et même si le poète nous invite davantage à « écouter »[1] le poème qu'à le lire, nous dirions **la vérité de l'évidence** que quête le poète, ainsi que **le souvenir**. Plus encore peut-être **les allégories* de la barque, du passage** et **de l'autre rive**. Car le recueil entier en appelle au *passage*, passage de la vie ordinaire à la vie simple mais autre de la poésie, dans un autre monde, comme le suggère clairement l'histoire du poème en prose « Les planches courbes », mettant en scène le personnage d'un enfant cherchant à gagner l'autre rive grâce à un passeur étrange qui semble dans un premier temps ne le conduire qu'à sa perte, puisque la barque de ce Charon sombre

1. Voir le poème « Passant, ce sont des mots… » , « La pluie d'été » :
*Passant, ce sont des mots. Mais plutôt que lire*
*Je veux que tu écoutes : cette frêle*
*Voix comme en ont les lettres que l'herbe mange.* (p. 40)

durant la traversée, alors que les membres de l'enfant grandissent de façon étrange et merveilleuse. Quant au thème du **souvenir**, force est de constater qu'il ouvre la première partie du recueil, « La pluie d'été », écrite principalement au passé, sur le ton du récit, et semble se pencher avec nostalgie sur le passé le plus ancien du locuteur, ce que l'on pourrait sans doute nommer son enfance. Rappelons quels sont les premiers vers du recueil, dans « Les rainettes, le soir » :

*Rauques étaient les voix*
*Des rainettes le soir,*
*Là où l'eau du bassin, coulant sans bruit,*
*Brillait dans l'herbe.*

Quant au premier des poèmes intitulés « Une pierre » (p. 13), il célèbre clairement le souvenir et insinue dans le recueil une image passée qui deviendra récurrente, puisqu'on le retrouvera dans la section :

*Matins que nous avions,*
*Je retirais les cendres, j'allais emplir*
*Le broc, je le posais sur le dallage,*
*Avec lui ruisselait dans toute la salle*
*L'odeur impénétrable de la menthe.*

*Ô souvenir,*
*Tes arbres sont en fleurs devant le ciel,*
*On peut croire qu'il neige,*
*Mais la foudre s'éloigne sur le chemin,*
*Le vent du soir répand son trop de graines.*

Le poème en prose « Les planches courbes » est savamment relié à la section qui le précède dans le recueil, « la maison natale », et plus directement avec le dernier poème de cette section, le poème XII, faisant longuement allusion à Cérès. C'est que Cérès cherchait sa **fille** Perséphone aux enfers, alors que c'est, dans « Les planches courbes », un jeune **garçon** qui cherche à passer dans l'autre monde. Si Cérès imagine sa fille pleurant aux enfers, car elle ne s'y est pas rendue de son plein gré, le jeune garçon des « Planches courbes », au contraire, veut de lui-même **faire l'expérience de l'au-delà**. Il est ainsi beaucoup plus proche du poète lui-même. D'autre part, la figure du père, symbolisée par le passeur, est très présente dans « Les planches courbes », alors que les figures du père et de la mère étaient déjà présentes dans « La maison natale » (voir la lecture proposée de ces deux poèmes). Quant à Cérès, ne représentait-elle pas avant tout l'image de la mère ?

Cette recherche de l'unité va plus loin. En effet, plus l'on connaît l'œuvre d'Yves Bonnefoy, plus la lecture des poèmes des *Planches courbes* s'éclaire. Bien des poèmes font allusion à l'œuvre antérieure, qu'il s'agisse des recueils de poèmes, des récits, des essais. Ainsi les thèmes de la barque, du passeur et du passage, repris dans le recueil que nous commentons, sont-ils récurrents dans l'œuvre (voir le chapitre concernant le « passage »). Dans *Douve*, le poème « Aux arbres » présente cette jeune fille, Douve, au moment où elle se jette dans la barque des morts, ce qui rappelle incontestablement le poème « Les planches courbes ».

*Vous fibreuse matière et densité,*
*Arbres, proches de moi quand elle s'est jetée*
*Dans la barque des morts et la bouche serrée*
*Sur l'obole de faim, de froid et de silence.* (p. 65)

Or cette strophe est extrêmement importante car, au début de l'œuvre d'Yves Bonnefoy, c'est pour ainsi dire avec elle que s'établit sa conception de la poésie : le poète croira toujours davantage dans un « monde proche » que dans un monde transformé par les mots. Mais pour avoir une chance de l'atteindre, de le pénétrer, il lui faudra accepter la finitude, la mort, le temps. Dans le poème que nous venons de citer, le locuteur vit à l'unisson des choses « proches », des « arbres », de la « fibreuse matière », de la « densité » des objets et atteint, peut-être pour la première fois, la vérité, son « vrai lieu », alors que celle qu'il aime passe dans l'autre monde, celui de la mort, qu'il fait donc lui-même l'expérience de la finitude qu'il accepte.

L'un des poèmes compris dans *Pierre écrite*, « L'été de nuit », présente déjà un personnage, interpellé à la deuxième personne du singulier, à la proue d'un navire :

*Navire d'un été,*
*Et toi comme à la proue, comme le temps s'achève,*
*Dépliant des étoffes peintes, parlant bas.* (p. 186)

L'un des poèmes du recueil *Dans le leurre du seuil* se nommait « Le fleuve », thème également très présent dans *Les planches courbes*. Ces exemples sont faciles à multiplier car ils fourmillent. Ils caractérisent l'écriture d'Yves Bonnefoy, reposant souvent sur l'intertextualité. Mais certaines allusions, dans *Les planches courbes*, sont plus difficiles à déceler, car elles exigent une connaissance encore plus poussée de l'œuvre, une excellente culture dans tous les domaines, à commencer par celui de la peinture. Ainsi, les allusions à Cérès, notamment dans le poème XII de « La maison natale », ne peuvent-elles être comprises dans toute leur densité, dans toute leur profondeur, si le lecteur ne les rapproche pas d'un petit tableau du peintre allemand Elsheimer, *La Dérision de Cérès*, tableau qui a marqué le poète bien avant qu'il n'écrive *Les planches courbes*, et dont il a longuement parlé dans un essai du *Nuage rouge*, « Une Cérès à la nuit, d'Adam Elsheimer » (p. 235, Gallimard, « Folio-essais »). **« Ut pictura poesis »**, avait proposé le peintre Poussin, auquel Yves Bonnefoy fait souvent allusion dans ses essais ou dans *L'Arrière-pays* : que la peinture se fasse poésie ! L'opération est réversible. Le poète le répète dans *Le Nuage rouge* :

> *Si la poésie et ce qu'elle éveille dans l'art ont de toujours tendu à la fonction que j'ai dite, ce fut longtemps sans savoir l'expliciter sinon même s'en rendre compte, mais elle va désormais être obligée de comprendre, et d'annoncer, d'exiger : aidant les arts silencieux, trouvant ainsi le vrai sens de l'« ut pictura poesis », cet adage longtemps obscur*

*qui voulait que peinture et création poétique mettent en commun leur conscience...* (p. 141)

À ce sujet d'ailleurs, toute la section « La voix lointaine », dans laquelle le poète s'adresse à son inspiration, et à la poésie elle-même, nous fait penser aux commentaires qu'il a donnés de la toile « Inspiration du poète » de Poussin dans *Dessin, couleur et lumière* (1995) :

*Mais nous savons tous qu'après avoir peint cette première « Inspiration du poète » Poussin en a composé une autre, qui est cette fois un de ses tableaux les plus équilibrés, les plus maîtrisés, les plus sereins, ce qui prouve que c'est tout à fait victorieusement que le grand peintre qu'il est a traversé cette crise.* (p. 294)

L'unité de l'œuvre est telle que certains des poèmes que nous étudions répondent à des essais écrits de longue date, à des expériences vécues par le poète. Cela s'explique par l'existence d'une poétique forte, chez Yves Bonnefoy, celle de la « présence ». Il serait bon ainsi de lire certains passages de *L'Arrière-pays,* ce récit très largement autobiographique, où le poète raconte justement la plupart des « rencontres », des instants qui ont compté dans sa propre réflexion poétique et artistique. Ainsi, lorsqu'il découvre en Italie des tableaux de la Renaissance qui lui ouvrent les voies de son art :

*D'autant que peu après cette matinée d'Arezzo, je fis un rêve, au sens plus bref de ce mot, qui m'apparut comme la fin d'une étape. J'étais dans une chapelle octogonale* [...] (« Poésie/Gallimard », p. 84)

L'écriture du voyage permet d'approfondir cette réflexion capitale :

*Car recommencer le voyage dans l'écriture au moment même où l'existence l'interrompait, c'était peut-être vouloir le préserver autant que l'analyser pour le réduire. Mais autant rendre à l'atemporalité de l'écriture ce qui blessait ma vie : la crainte, qui naît des mots, de la finitude, du temps ; et je pensais aussi que, butant alors contre cette fatalité, je m'interrogeais toujours plus.* (pp. 83-84)

Un autre extrait de ce livre peut éclairer la lecture du premier poème de la section « Dans le leurre des mots », établissant un parallèle entre le poète et Ulysse, toujours prêt à de nouveaux départs, à l'ouverture vers des mondes nouveaux, « l'autre monde », le « vrai lieu », « l'autre rive » (pp. 71-76 des *Planches courbes*) :

> *Ah, comme je comprends la fin de l'Odyssée, quand Ulysse retrouve Ithaque, mais en sachant déjà qu'il lui faudra repartir, une rame sur l'épaule, et s'enfoncer plus avant dans les montagnes de l'autre rive jusqu'à ce que quelqu'un lui demande ce que c'est que cet objet bizarre qu'il porte, montrant ainsi qu'il ne sait rien de la mer !* (p. 17)

## III « Dans le leurre des mots », « La maison natale », « Les planches courbes » : des points de convergence ?

Nous aimerions à présent nous arrêter plus longuement sur les trois sections au programme de l'épreuve de littérature du baccalauréat, « Dans le leurre des mots », « La maison natale », « Les planches courbes », simplement pour tenter d'éclairer succinctement chacun des poèmes dans un premier temps, avant d'y trouver un système d'échos et une cohérence interne.

### *« Dans le leurre des mots »*

Cette section, qui ne contient que deux poèmes assez longs en vers libres, surtout pour ce qui concerne le premier, fait indéniablement écho dans l'œuvre avec le recueil *Dans le leurre du seuil* de 1975, qui constitua en son temps l'aboutissement de toute la recherche poétique d'Yves Bonnefoy. Or, dans ce recueil, qui ne comprenait qu'un seul poème, même constitué de sept sections, le poète recherchait ce que l'on pourrait nommer **le**

**bien propre** (cher à la pensée d'Hölderlin), l'*Eignes*, que l'artiste doit apprendre au même titre que **le bien étranger**, *das Fremde*. Ce bien, c'était en 1975 un lieu : une maison, en grande partie en ruine, située dans une région pastorale très peu habitée. Or cette demeure apparaissait comme le centre métaphorique du recueil. « Dans le leurre des mots » reprendra plutôt la thématique de la barque, et de ses planches courbes. On peut immédiatement remarquer que cette section est suivie de la section « La maison natale ». Le thème de la maison y est de nouveau central. Quant à la barque, elle apparaît elle-même comme une sorte de refuge fragile, une sorte de maison également.

### *« Dans le leurre des mots », poème I* (pp. 71-76)

Le premier des deux poèmes composant la section « Dans le leurre des mots » est le plus long. C'est aussi l'un des plus longs du recueil car il compte presque six pages. C'est dire l'importance que le poète lui a accordée. De quoi s'agit-il ? Le locuteur fait presque immédiatement allusion dans ce poème à Ulysse, héros grec de L'*Iliade* et de *l'Odyssée* d'Homère, semble-t-il parce qu'il représente l'exemple de celui qui a su ne pas s'arrêter durant son errance, *s'installer* pourrait-on dire, parce que sans cesse il est reparti vers de nouveaux horizons, permettant ainsi à sa vie d'embrasser de vastes espaces. Le poème devient alors rapidement une sorte de méditation sur l'écriture poétique ; le poète, dans son humble barque, prenant en quelque sorte exemple sur le héros grec pour dépasser le langage.

Comment Bonnefoy associe-t-il le portrait d'un Ulysse vaga-4bond à celui du poète cherchant vérité et beauté dans le poème ?

On peut souligner d'abord comment Bonnefoy propose l'imitation d'Ulysse, puis à quoi peut servir cette imitation.

#### *Imiter Ulysse, éternellement sur le départ*

Le poème fait d'abord allusion au songe que fit Ulysse « dans l'île où faisait halte son errance », et nous chercherons à comprendre la portée de ce symbole. Nous montrerons ensuite comment **le poète associe l'image de cet Ulysse songeur à celle du poète**. Poète qui cherche refuge dans une barque fragile.

❑ *La symbolique du rêve d'Ulysse*

Faisant d'abord allusion à un nouvel été, le premier poème composant « Dans le leurre des mots » entend chanter une fois encore le rossignol, capable de déclencher le rêve. Selon le poète, ce même oiseau aurait chanté « quand s'endormait Ulysse / Dans l'île où faisait halte son errance ». Le héros grec consentit alors lui-même au rêve. Mais si les hommes demeurent le plus souvent fixés dans le même lieu, sans espoir d'autre rive, Ulysse, quant à lui, rêve sans cesse d'un nouveau départ sur une mer plus vaste :

*Nous sommes des navires lourds de nous-mêmes,*
*Débordants de choses fermées, nous regardons*
*À la proue de notre périple toute eau noire*
*S'ouvrir presque et se refuser, à jamais sans rive.*
*Lui cependant, dans les plis du chant triste*
*Du rossignol de l'île de hasard,*
*Pensait déjà à reprendre sa rame*
*Un soir, quand blanchirait à nouveau l'écume,*
*Pour oublier peut-être toutes les îles*
*Sur une mer où grandit une étoile.* (p. 72)

Ce qu'il convient de faire, c'est donc d'imiter Ulysse, affirme le poème, « Aller ainsi, avec le même orient / Au-delà des images qui chacune / Nous laissent à la fièvre de désirer [...] » (p. 72). Ce qu'il faut, **c'est aller au-delà du langage**, parce que le langage en nous n'offre que le mensonge, même si celui-ci paraît humble :

*Partout en nous rien que l'humble mensonge*
*Des mots qui offrent plus que ce qui est*
*Ou disent autre chose que ce qui est* [...] (p. 73)

S'intéressant à ces mêmes vers dans un article paru dans *La Quinzaine littéraire* le 15 novembre 2001, « la voix qui espère : Yves Bonnefoy », Jean-Michel Maulpoix commente : « Puisque "nous sommes des navires lourds de nous-mêmes, débordant de choses fermées", c'est "Dans le leurre des mots" que s'en va cette avancée aveugle de la langue qui fraie son sens en frottant de la transparence contre de l'opacité. Comme si la poésie s'alimentait conjointement à deux sources apparemment contradictoires : la bouche d'ombre de l'inconscient et "la vie quotidienne de la lumière". » D'ajouter :

« Peut-être est-ce là d'ailleurs ce qui identifie le mieux la poétique d'Yves Bonnefoy : cette proximité de la présence et du songe, de l'élémentaire et du lointain, de l'évidence sensible et de l'inconnu. Là s'établit son rapport critique à l'image, aussi bien que la fonction heuristique de celle-ci. Là se détermine le rythme même de son phrasé, oscillant entre vers et prose. »

❑ *D'Ulysse au poète*

Le titre de la section s'éclaire donc : le poète ne saurait se contenter des mots, qui sont toujours en décalage par rapport à ce qui est, réalité ou vérité. Ils nous donnent à voir et à penser plus que le réel, ou autre chose. Ne peut-on pas d'ailleurs se demander, à ce niveau, si le poème (ou le poète) n'est pas lui-même ce passeur démesuré pour l'homme si petit ? Or, de l'autre côté du langage, est-ce déjà une rive nouvelle où l'on aborde ou bien le même monde ? De la nuit de son ignorance, il n'a fait que jeter une corde. Et Dieu sait ce qu'il trouvera de l'autre côté ? Cette corde, elle fut jetée aussi dans l'avenir, à l'aveuglette. « Et demain, à l'éveil, / Peut-être que nos vies seront plus confiantes / Où des voix et des ombres s'attarderont, / Mais détournées, calmes, inattentives, / Sans guerre, sans reproche [...] » (p. 75). Car le rêve du poète, c'est encore cette paix, alors que le langage ne semble capable d'engendrer que la discorde. C'est, comme le reconnaît encore Yves Bonnefoy dans « Poésie et vérité », que « le vrai poème est une *invention*, au grand sens de ce mot de la vieille rhétorique, et l'invention est la respiration du langage, elle est ce par quoi les codes se font parole d'instauration et d'échange. » **La poésie est donc avant tout transgression**, et, comme le suggère le récent groupe poétique et artistique intuitiste*, l'artiste doit compter sur ses intuitions pour la formuler au-delà du seuil que peut constituer le langage. Bonnefoy semble à peu près de cet avis quand il déclare, toujours dans « Poésie et vérité » : « transgresser n'apparaît jamais dans les grandes œuvres de notre modernité comme la fin qu'on se donnerait sans y ajouter une intuition, un projet, qui sont d'une autre nature. » (p. 258)

❑ *Le poète dans sa barque*

L'homme ainsi libre, le poète, « a pris dans le ciel une grappe trop lourde » (p. 75), de même que dans le deuxième poème de la section « À même Rive », un enfant se dressait sous une treille pour cueillir « la grappe rouge » (p. 52). Ce que cette image récurrente signifie c'est, sans doute, que le poète vole parfois à l'inconnu des fruits trop énormes pour lui, et que, sans le secours de son art, il ne serait finalement qu'un homme comme les autres.

Le poème se termine par l'image des planches recourbées à l'avant de la barque menant le poète d'une rive à l'autre. Si ces planches sont courbes, c'est justement « Pour donner forme à l'esprit sous le poids / De l'inconnu, de l'impensable [...]. » Mais elles se desserrent, sans que le voyageur ait le temps de s'interroger sur le sens des craquements qui en résultent. Le poème s'engloutit lui-même sur l'image d'un sommeil indifférent replié sur le désir tel une vague :

*Mais le sommeil se fait indifférence.*
*Ses lumières, ses ombres : plus rien qu'une*
*Vague qui se rabat sur le désir.* (p. 76)

C'est que, selon Bonnefoy, le poème ne saurait se contenter de dire le désir. Il lui faut assumer ses parts d'ombre et de lumière. La lumière du poème, ne serait-ce pas la vérité et la beauté générées par l'œuvre ?

***Poésie, vérité et beauté***

À ce niveau, la compréhension du poème est plus difficile, plus codée, serions-nous tentés de dire, et nous nous aiderons de passages importants des *Entretiens sur la poésie* pour mieux en saisir la substance. Nous tenterons d'abord d'expliquer comment vérité et beauté semblent indissociables pour le poète, puis comment la vérité doit chercher à « outre-passer » les mots.

❑ *Vérité et beauté sont liées dans le poème*

Il semble que cette vérité ne puisse s'exprimer que par l'intermédiaire de la beauté, une « suffisante beauté », « beauté ultime / des étoiles sans signifiance, sans mouvement » (p. 74). Par cette métaphore, le poète semble expliquer que la vérité que recherche la poésie se révèle dans une beauté au-delà des mots, du signifiant, beauté d'un objet inerte à la fois lointain et lumineux, peu lumineux à cause de son extraordinaire distance pour l'esprit humain, mais beauté éblouissante si on l'approchait.

❑ *Une vérité hors les mots*

L'eau qui permit si souvent à Ulysse de poursuivre le voyage est ici « l'eau du rêve », dans laquelle nous marchons pieds nus afin d'atteindre à un savoir, une vérité dépassant le langage.

Dans ses *Entretiens sur la poésie*, le poète affirmait dans « Poésie et vérité » : « On fait bouger les signifiants, autrement dit, mais ce n'est pas par respect pour des signifiés qui seraient cette fois du côté des choses, disons, ou pour une expérience de l'Être que l'on saurait irréductible aux formules — non, c'est pour éviter, simplement, que ces signifiants ne se fixent, ce qui finirait par faire penser qu'ils sont d'authentiques reflets de réalités hors langage » (p. 255). D'où sans doute l'image de l'étoile. Ce voyage vers la beauté et la vérité se fait à l'intérieur d'une sorte de barque conduite par un immense nautonier, géant faisant déjà penser au passeur de la section « Les planches courbes » :

*À la poupe est le nautonier, plus grand que le monde,*
*Plus noir, mais d'une matité phosphorescente.* (p. 74)

Pourquoi une telle dimension ? Justement sans doute parce que la vérité à laquelle peut conduire la poésie est hors de proportion pour l'humain, l'humain qui a besoin d'un passeur lui-même plus grand que le monde, c'est-à-dire construit sur d'autres proportions, plus vastes.

Ce qui s'exprime dans ce poème, c'est ainsi une réflexion sur le langage poétique, son importance, et le rôle joué par le poète. Le poème lui-même semble capable, barque fragile, de le passer sur l'autre rive. Là, qui sait ce qu'il trouvera ? Même les étoiles sans signifiance sont belles, et cette beauté est suffisante.

### *« Dans le leurre des mots », poème II* (pp. 77-80)

Le second poème de la section « Dans le leurre des mots » réitère ces idées. Le poète y prend le risque de s'adresser directement à la poésie, par deux fois, de façon lyrique et éloquente. C'est qu'on ne cesse de mépriser la poésie, et qu'on lui adresse des reproches injustes. Ainsi certains prétendent-ils qu'elle ne dit pas la vérité, qu'elle déforme le langage, qu'elle conduit à la mort ceux qui ont placé en elle un espoir.

Quelle position adopte Yves Bonnefoy face à de telles accusations ? Il cherche à réhabiliter la poésie avec un lyrisme certain, chantant ainsi encore l'« espoir ».

#### *Défense de la poésie*

On peut voir comment la poésie se positionne par rapport à la vérité et au mensonge, noter qu'elle paraît à la fois augurale et inaugurale.

❑ *Poésie et vérité, poésie et mensonge*

S'adressant une seconde fois à la poésie, le poète affirme encore son savoir quand il explique qu'il sait à quel point on la déteste. On l'accable de toutes sortes de maux, notamment d'être un mensonge, de bouleverser la syntaxe, de susciter des fautes de langue, et de désespérer ceux qui cherchaient en elle un refuge :

*Ô poésie,*
*Je sais qu'on te méprise et te dénie,*

*Qu'on t'estime un théâtre, voire un mensonge,*
*Qu'on t'accable des fautes du langage,*
*Qu'on dit mauvaise l'eau que tu apportes*
*À ceux qui tout de même désirent boire*
*Et déçus se détournent, vers la mort.*

La poésie serait donc l'ennemie de la vérité. Dans « Poésie et vérité », Yves Bonnefoy s'explique clairement sur ce point. Selon lui, **le mensonge est inhérent à l'emploi des mots, mais celui de la poésie est relatif** : « Le mensonge, en bref, est inhérent à l'emploi des mots, il repose sur un besoin, aussi profond que le désir d'être, qui est celui d'échapper à la peur de l'être ; et face à cette perversion de la parole qui est active partout — face à ce péché originel de l'être parlant —, le mensonge de la poésie, s'il n'en est pas moins regrettable, apparaît assez relatif, et même susceptible, qui sait, de révélations et d'aveux qui serviront à la vérité. » (pp. 270-271). Plus loin, il ajoute : « **le mensonge de la poésie s'avoue autant qu'il s'affirme**, on dirait même que bien des œuvres qui n'ont pas eu la force de le combattre ont au moins le désir de cet aveu. Et s'avouant, cette illusoire demande aux autres, ce qui est vérité encore, de confesser leur propre chimère. « Hypocrite lecteur, mon semblable, mon frère ! », écrit Baudelaire, au seuil même des *Fleurs du Mal*. Précisément parce qu'elle s'est complu à un rêve, la poésie a rejoint le lieu des êtres réels, qui rêvent tous, et peut trouver là l'occasion d'une autre sorte d'échange : non plus celui qui dégage les grandes structures du lieu de la vie commune, mais celui qui médite l'inexistence, dans notre condition moderne, qui est d'exil. » (pp. 271-272). La poésie, dans son mensonge même, révèle donc la vérité de l'être et du monde, de l'être au monde.

Il en va ainsi de l'image poétique. Dans la strophe précédente, le poète avait explicité la façon dont il conçoit l'image poétique. Sa syntaxe est extravagante car elle se heurte à l'évidence, c'est-à-dire encore à la vérité qui échappe à l'homme, à cause de la condition humaine elle-même :

*Avons-nous cru que nous mènerait loin*
*Le chemin qui se perd dans l'évidence,*
*Non, les images se heurtent à l'eau qui monte,*
*Leur syntaxe est incohérence, de la cendre,*
*Et bientôt même il n'y a plus d'images,*
*Plus de livre, plus de grand corps chaleureux du monde*
*À étreindre des bras de notre désir.*

❑ *Poésie augurale et inaugurale*

Voilà exactement les idées que l'on trouve dans cette même strophe et les deux suivantes : « Et c'est vrai que la nuit enfle les mots [...] », « Mais je sais tout autant qu'il n'est d'autre étoile / A bouger, mystérieusement, auguralement, / Dans le ciel illusoire des astres fixes, / Que ta barque toujours obscure, mais où des ombres / Se groupent à l'avant, et même chantent / Comme autrefois les arrivants, quand grandissait / Devant eux, à la fin du voyage, / La terre dans l'écume, et brillait le phare. » **Nous retrouvons ici l'image de la barque, clairement associée à la poésie**. Or la « barque de la poésie » est encore métaphorisée par l'image de l'étoile, l'unique étoile « à bouger », pour pouvoir bouger donc, « mystérieusement, auguralement », « dans le ciel illusoire des astres fixes ». La métaphore est elle-même filée, puisque la barque-étoile transporte plusieurs ombres se regroupant à la proue. Cette fois la barque ne passe pas une seule ombre vers l'estuaire, mais plusieurs. **Ce qui caractérise la barque du fleuve**, contrairement à la « plate », que l'on utilise sur les rivières ou les marais, **c'est justement qu'elle possède une proue et une poupe, un « avant » et un « après »**. En ce sens, il s'agit vraiment d'un navire, toujours **tourné vers** quelque chose. **Nous retrouvons ici l'image filée du songe d'Ulysse** contenue dans le poème I : Ulysse était toujours tourné vers un autre horizon, prêt pour un nouveau voyage, tout comme le poète, mais aussi l'homme en général. Le poème est capable de deviner l'avenir car il va de l'avant et mène avec lui ses ombres. Il est augure, intuition dans ce sens également.

S'adressant toujours dans la dernière strophe à la poésie, Yves Bonnefoy souligne encore son aspect inaugural, car, **aussi imparfaite soit-elle, la parole poétique reste « la première parole après le long silence, / Le premier feu à prendre au bas du monde mort**. » La poésie apparaît même ici selon nous comme une possible résurrection, la première balise à suivre dans un monde mort. De même le songe d'Ulysse était-il toujours un songe inaugural, toujours prêt à conduire vers un nouvel horizon et une nouvelle expérience. Cette image finale de la poésie ressentie comme une possible résurrection renverse l'image négative dont on l'affuble, rapportée au milieu du poème : « Je sais [...] / Qu'on dit mauvaise l'eau que tu apportes / À ceux qui tout de même désirent boire / Et déçus se détournent, vers la mort. » La poésie, au contraire, c'est la vie, une seconde vie, une vie autre, la promesse d'une nouvelle naissance. Tel était le songe que fit Ulysse.

#### *Invoquer, interpeller la poésie avec lyrisme*

La poésie est d'abord nommée dans le poème. Celui-ci aborde le thème de sa musicalité.

❑ *Nommer la poésie*

Le poète s'adresse directement à la poésie, ne pouvant d'abord s'empêcher de la nommer.

*Ô poésie,*
*Je ne puis m'empêcher de te nommer*
*Par ton nom que l'on n'aime plus parmi ceux qui errent*
*Aujourd'hui dans les ruines de la parole.*
*Je prends le risque de m'adresser à toi, directement,*
*Comme dans l'éloquence des époques*
*Où l'on plaçait, la veille des jours de fête,*
*Au plus haut des colonnes des grandes salles,*
*Des guirlandes de feuilles et de fruits.* (p. 78)

Il le fait avec lyrisme en dehors des modes, non sans prendre donc quelques risques, se souvenant de ces époques anciennes où l'on plaçait, les jours de fête, des guirlandes de feuilles et de fruits « au plus haut des colonnes des grandes salles ». C'est sans doute alors à l'éloquence des Grecs et des Latins que le poète fait allusion. Celle-ci lui paraît digne d'hommage et de mémoire. Faut-il entendre ici un nouvel écho du poème III de « La voix lointaine », qui faisait allusion à l'ïambe ?

Dans un article du journal *Le Temps* du 6 octobre 2001, John E. Jackson commente ainsi ces vers : « Il y a une volonté très délibérée de réfléchir dans le poème sur la difficulté de continuer à écrire un poème, une confrontation sans timidité avec tout ce qui s'oppose au vœu poétique pour le dénier ou le faire paraître anachronique. » [...] Mais, ajoute le critique, « c'est pour lui opposer, après beaucoup d'ascèse, la confiance renouvelée de celui qui sait que la poésie sera : "La première parole après le long silence, / Le premier feu à prendre au bas du monde mort." »

Le poète cherche « **à faire être le sens malgré l'énigme** ». Bien que le monde soit un mystère, bien que la vie soit une énigme, il cherche tout de même à faire exister le sens dans le poème parce qu'alors le mot « poésie » pourra être déchiffré, ce nom multiple « où brûle un feu clair », c'est-à-dire encore sans aucun doute la lumière du savoir et de la vérité :

*Je le fais, confiant que la mémoire,*
*Enseignant ses mots simples à ceux qui cherchent*
*À faire être le sens malgré l'énigme,*
*Leur fera déchiffrer, sur ses grandes pages,*
*Ton nom un et multiple, où brûleront*
*En silence, un feu clair,*
*Les sarments de leurs doutes et de leurs peurs.* (p. 78)

**La fonction du poète consiste à nous faire aimer le réel, à faire exister le sens malgré l'énigme du monde, à adoucir les feux de notre condition de mortels.**

❑ *Lyrisme et musicalité*

Est encore chantée la musicalité propre au poème, musicalité capable d'élucider le monde :

[...]
*Écoutez la musique qui élucide*
*De sa flûte savante au faîte des choses*
*Le son de la couleur dans ce qui est.* (p. 79)

On aura noté au passage la synesthésie* finale, alliant directement deux registres sensoriels, l'ouïe et la vue, synesthésie* importante selon nous, car la musique y apparaît d'abord. C'est que, comme le dit clairement « La voix lointaine », la poésie est musique avant d'en venir à la couleur du monde, et donc à la vérité de ce qui est. Chantant de façon lyrique la poésie, Yves Bonnefoy œuvre ainsi à la préservation du poème en tant que forme. Musicale, cette forme n'en reste pas moins capable d'une élucidation. Alors qu'il revendique ici un certain lyrisme, Bonnefoy ne fait pas allusion à la lyre d'Orphée mais préfère la métaphore de la « flûte savante », qui peut faire penser au berger antique, notamment à Tityre dans *Les Bucoliques* de Virgile.

*Mélibée*

*Tityre, couché sous le dôme d'un vaste hêtre, tu essaies un air sylvestre sur ton léger pipeau ; et nous, nous quittons le sol de notre patrie et nos doux champs ; nous fuyons notre patrie ; toi, Tityre, étendu à l'ombre, tu apprends aux forêts à répéter le nom de la belle Amaryllis.* (Traduction de Maurice Rat)

Par l'intermédiaire de l'adjectif « savante », la poésie est encore désignée comme lieu d'une élucidation et d'un savoir. L'impératif « écoutez » revêt un sens fort, le poète intimant l'ordre aux hommes d'écouter le poème qui pourrait tant leur apprendre à leur tour, leur ouvrir l'âme. Ce vers fait écho à l'un des derniers poèmes de la première section : « Passant, ce sont des mots. Mais plutôt que lire / Je veux que tu écoutes : cette frêle / Voix comme en ont les lettres que l'herbe mange. » (p. 40). Or la voix propre au poète interpelle, invoque, fragile, pour retenir ce qui nous échappe, fût-ce le poème lui-même. N'est réelle, en effet, « que la voix qui espère ».

### *Une poésie de l'espérance*

Il s'agit de revendiquer une espérance dont le goût chez le poète est ancien.

❏ *Revendiquer l'espérance*

Le locuteur prétend dès le début du poème être capable de dire la confusion des impressions opposées qui voient le jour en lui au moment où il se retrouve « au bord disloqué de la parole ». Comme beaucoup d'autres, il pourrait s'engager pour crier l'injustice et le malheur qui touchent la plupart des hommes, et par là même, l'idéal de justice que l'esprit du poète a rêvé de voir triompher sur la terre. Mais il refuse d'être cette lucidité qui désespère, continuant de vouloir espérer malgré tout :

*Je pourrais m'écrier que partout sur terre*
*Injustice et malheur ravagent le sens*
*Que l'esprit a rêvé de donner au monde,*
*En somme, me souvenir de ce qui est,*
*N'être que la lucidité qui désespère*
*Et, bien que soit retorse*
*Aux branches du jardin d'Armide*[1] *la chimère*
*Qui leurre autant la raison que le rêve,*
*Abandonner les mots à qui rature,*
*Prose, par évidence de la matière,*
*L'offre de la beauté dans la vérité,*

*Mais il me semble aussi que n'est réelle*
*Que la voix qui espère, serait-elle*
*Inconsciente des lois qui la dénient.* (p. 77)

Commentant ces vers dans l'article de *La Quinzaine littéraire* du 15 novembre 2001, Jean-Michel Maulpoix écrit : « Plutôt que s'écrier "que partout sur terre injustice et malheur ravagent le sens", plutôt que "disloquer la parole" et "n'être que la lucidité qui désespère", il lui appartient d'articuler, de nommer, et ainsi de

1. Voir le chapitre concernant les personnages mythologiques.

chercher encore une issue à ce que Mallarmé appelait "le tunnel de l'époque" ».

❑ *Un goût ancien pour l'espérance*

Ce goût pour **l'espérance** n'est pas un fait nouveau chez Bonnefoy. Déjà dans une série d'essais intitulés *L'Improbable*, parus en 1959 au Mercure de France, le poète avait confié : « Il faut, autrement dit, réinventer un espoir. Dans l'espace secret de notre approche de l'être, je ne crois pas que soit de poésie vraie qui ne cherche aujourd'hui, et ne veuille chercher jusqu'au dernier souffle, à fonder un nouvel espoir. » (p. 170). Présentant la poésie d'Yves Bonnefoy pour la célèbre collection « Poètes d'aujourd'hui » des éditions Seghers, le critique John E. Jackson faisait même de cette thématique de l'espoir une thématique centrale dans l'œuvre : « Ces paroles, écrites en 1958, permettent peut-être de comprendre, mieux qu'aucunes, la visée qu'Yves Bonnefoy a depuis toujours assignée à la poésie et, au-delà de celle-ci, à l'existence. » *La Révolution la nuit*, dépliant de 1946, regroupait déjà des textes abordant ce même thème avec force. Et il s'agit des premiers textes que nous possédons de Bonnefoy ! Nulle différence notoire, de ce point de vue, semble-t-il donc, entre le poète de 1958 et celui de 2000 ou 2001.

Finalement, le second poème de la section « Dans le leurre des mots » nous paraît l'illustration poétique de ce qu'Yves Bonnefoy a par ailleurs écrit dans son œuvre de critique. Il n'est pas inutile, ainsi, de comparer par exemple ce poème avec l'article « Poésie et vérité » des *Entretiens sur la Poésie*, où l'écrivain affirme encore :

> *En son mensonge même la poésie peut donc être encore une forme de vérité. Et comme ce mensonge est partout dans les poèmes, comme le leurre travaille dans les œuvres les plus intenses, c'est, assurément, à partir de lui et non de la définition idéale du poétique qu'il faudrait entreprendre l'étude effective des œuvres, et des formes et des effets de l'écriture, surtout en cette époque moderne où l'effacement du sacré oblige ceux qui écrivent à des cheminements solitaires, dans l'oubli constant du but même de leur recherche.* (p. 272)

## « La maison natale »

Cette section contient douze poèmes concernant le thème, très chargé affectivement, de la maison natale. Notons plusieurs occurrences du groupe nominal « la maison natale » dans les poèmes. Les trois premiers reprennent le même vers, sous forme de litanie, ou de refrain :

Poème I, vers 1 : « Je m'éveillai, c'était la maison natale, [...] »

Poème II, vers 1 : « Je m'éveillai, c'était la maison natale, [...] »

Poème III, vers 1 : « Je m'éveillai, c'était la maison natale, [...] »

Elle varie dans le poème X, tout en soulignant une continuité : « La vie, alors ; et ce fut à nouveau / Une maison natale. [...] » On notera le passage du déterminant défini « la » à l'indéfini « une ».

Parfois, ce groupe nominal se situe au cœur du poème lui-même (voir poème VII : p. 91).

Comme dans les sections précédentes, notamment *La Pluie d'été*, le locuteur fait allusion au fait qu'il est habité par le souvenir. Ainsi au début de ce même poème VII :

*Je me souviens, c'était un matin, l'été,* [...]

**La première question que pose cette section, comme toutes celles qui font allusion au souvenir, est celle de sa dimension autobiographique**. Cette dimension nous semble incontestable, mais comme toujours en matière de poésie (et même d'art ou de littérature), il faut se méfier des lectures univoques. Jean-Michel Maulpoix nous semble adopter une position juste quand il affirme dans l'article « La Voix qui espère : Yves Bonnefoy » : « Ce n'est donc pas avec mélancolie que le poète se retourne. Plutôt pour sentir affluer en lui des images rêveuses où le sentiment de la présence s'observe et se recreuse. L'écriture poétique cherche à voir "dans les choses d'ici le lieu perdu". Ses mots, ses images, ses vers, palpent aveuglément les murs d'une "maison natale" qui est en définitive moins celle où l'on a réellement vécu que celle dont on transporte en soi, comme un précieux viatique, les odeurs et les chambres. Une maison qui serait comme un navire, où s'endormir l'oreille collée contre le bois. Maison de mémoire ou maison de langue, laissant encore une fois venir, mais dans la brillance d'une poignance tout autre, ce qui naguère nous fut donné aveuglément :

*Terre qui vint à nous*
*Les yeux fermés*
*Comme pour demander*
*Qu'une main la guide* »

***« La maison natale », poème I*** (p. 83)

Le premier poème de la section semble privilégier un instant bref du passé, le moment où le locuteur s'éveille dans cette maison. L'atmosphère est maritime, le lieu devient vite irréel, l'eau entrant dans la maison. Le locuteur s'exprime en rendant compte par simples juxtapositions des événements successifs.

Comment parvient-il à rendre compte du passé ?

Les séquences du film de la mémoire s'enchaînent rapidement, avec leurs trous, leurs zones d'ombre, dans quatre phases que nous proposons d'étudier les unes après les autres.

Soudaineté d'un réveil d'abord : « Je m'éveillai, c'était la maison natale, […] » On soulignera l'article défini « la », reprenant d'emblée la formulation du titre de la partie. Le locuteur dit « la maison natale » comme il dirait « le soleil » ou « la lune ». Ce à quoi il se réfère est un objet et un lieu qu'il connaît de façon intime. L'article qu'il utilise nous semble un article de notoriété. Il s'aperçoit aussi immédiatement où il se trouve, comme le montre la construction syntaxique du premier vers, la juxtaposition des propositions indépendantes. Le décor maritime s'installe également immédiatement :

*L'écume s'abattait sur le rocher,*
*Pas un oiseau, le vent seul à ouvrir et fermer la vague,*
*L'odeur de l'horizon de toutes parts,*
*Cendre, comme si les collines cachaient un feu*
*Qui ailleurs consumait un univers.* (p. 83)

Le vent domine l'espace. Il agit sur « la vague » : on notera encore ce singulier intéressant. C'est comme si tout élément du décor existait pour lui-même, un peu comme dans une toile de Magritte, ou dans un rêve. **Rêve éveillé dans ce cas**. Il y a encore « le rocher », « l'odeur de l'horizon » qui emplit tout l'espace. Commentant le poème « L'imperfection est la cime », contenu dans *Hier régnant désert,* John E. Jackson pense que l'article défini désigne le concept, alors que l'article indéfini désigne un objet du réel. « La vérité du réel, écrit-il, est donc son imperfection, ce qu'on pourrait traduire par son inadéquation à la pureté, à la « perfection » du concept. Incarné, le réel blesse, par le fait même de son incarnation, l'idée qui le rapporterait à la forme pure : une pierre quelconque, ramassée sur un chemin ou sur une plage, ne sera jamais qu'*une* pierre, c'est-à-dire beaucoup moins que *la* pierre (que le concept de pierre) devant laquelle elle sera toujours en défaut. Mais beaucoup plus aussi : *une* pierre est réelle, au contraire de *la* pierre, elle est *réelle parce qu'imparfaite* » (*Yves Bonnefoy,* « Poètes d'aujourd'hui », Seghers, p. 37). Pourtant, le concept apparaît chez Bonnefoy comme « l'ennemi poétique primordial ». « En ce sens, le début d'« Anti-Platon » peut paraître prophétique, qui actualise une première fois un souci qui ne quittera plus notre auteur, — celui d'assurer à l'objet nommé une singularité, une irréductibilité qui puisse le soustraire à l'empire des Idées [...] ». L'odeur de l'horizon devient cendre, par métaphorisation, au vers 5, dans une apposition rejetée en début de vers, encadrée par deux pauses (deux virgules), image récurrente que l'on trouverait par exemple dans le premier poème de la section « Dans le leurre des mots » :

[...] *Aller confiants, nous perdre, nous reconnaître*
*À travers la beauté des souvenirs*
*Et le mensonge des souvenirs, à travers l'affre*
*De quelques-uns, mais aussi le bonheur*
*D'autres, dont le feu court dans le passé en cendres,*
*Nuée rouge debout au brisant des plages* [...] (p. 73)

L'image de la cendre est une nouvelle fois associée au passé. Sans doute faut-il noter que bien des éléments de ce début de poème étaient présents à la fin du précédent, le second de la section précédente : le récif (ou rocher), l'écume, le vent... :

*Et si demeure*
*Autre chose qu'un vent, un récif, une mer,*
*Je sais que tu seras, même de nuit,*
[...] *et, dans l'inquiète*
*Attente de la flamme qui hésite,*
*La première parole après le long silence,*
*Le premier feu à prendre au bas du monde mort.* (p. 80)

**Le recueil lui-même semble une maison constituée de chambres à échos.** Les souvenirs s'y répondent, les paroles aussi. Un feu cette fois semble caché derrière les collines. Car nous avons pénétré tout à coup le monde de la semblance. Le souligne la locution « comme si ». En même temps, la première phrase du poème nous a fait passer du défini à l'indéfini : un feu, un univers (ce qui suppose qu'il en existe plusieurs).

Trois des quatre phrases constituant le poème commencent par le pronom personnel « je », de première personne du singulier : Je m'éveillai / Je passai / Je tournais. Si le premier décrit un état, les deux autres indiquent des actions. Le locuteur n'est donc pas passif dans « La maison natale ». Le début de la deuxième phrase laisse se prolonger le film, un film composé de séquences brèves :

*Je passai dans la véranda, la table était mise,*
*L'eau frappait les pieds de la table, le buffet.* (p. 83)

Le même style perdure, fait de **parataxe*.** La notion de *passage* ne nous paraît pas ici anodine. Il s'agit de passer dans une autre pièce, pièce de verre, sorte de prisme où le monde réel va se démultiplier, de kaléidoscope. L'eau frappe encore : ce n'est plus le rocher mais la table et le buffet qui sont atteints. Il serait faux d'apprécier cette écriture comme surréaliste, ainsi que nous l'écrit Yves Bonnefoy dans une lettre du 28 juin 2005.

La troisième phrase semble mettre l'accent sur cette eau qui envahit peu à peu la maison :

*Il fallait qu'elle entrât pourtant, la sans-visage*
*Que je savais qui secouait la porte*
*Du couloir, du côté de l'escalier sombre, mais en vain,*
*Si haute était déjà l'eau dans la salle.* (p. 83)

Cette phrase débute par un verbe unipersonnel désignant l'obligation. La « sans-visage » doit absolument entrer. Ce monde dans lequel nous pénétrons à la suite d'un éveil paraît celui du rêve, comme si tout s'était inversé. De nouveau, les objets semblent autodéterminés : la porte, le couloir, la salle, l'escalier sombre, un escalier semblable à ceux de Piranèse peut-être. Une inondation a lieu, « si haute était déjà l'eau dans la salle ». L'imminence du débordement ne symbolise-t-elle pas ce qui se passe chez le poète, en qui le réel n'a cessé de pénétrer, comme le rêve ? **On peut supposer que l'eau qui s'immisce partout dans la demeure symbolise une pénétration inévitable de la lumière du monde dans l'espace où vit le poète**. Chez lui aussi, il y a risque d'explosion, ou d'implosion. De l'autre côté se trouve « l'autre rive », cette rive à laquelle fait si souvent allusion le recueil, toujours inaccessible. Plus merveilleuse encore nous paraît cette maison lorsque nous apprenons que les rumeurs venues de l'autre rive sont des rires d'enfant dans l'herbe haute :

*Je tournais la poignée, qui résistait,*
*J'entendais presque les rumeurs de l'autre rive,*
*Ces rires des enfants dans l'herbe haute,*
*Ces jeux des autres, à jamais les autres, dans leur joie.* (p. 83)

Nouveau rite d'initiation, que cette tentative de passage vers l'autre rive ? Tentative difficile, car la poignée résiste. Le langage résiste ainsi à la lumière du monde, mais ne pourrait-on pas deviner là aussi une métaphorisation du passage du monde de l'enfance dans le monde adulte ? Du passage du réel dans le monde de la poésie ? Les sens sont en éveil, quoi qu'il en soit. D'abord **la vue**, puis **l'odorat** (l'odeur de l'horizon), et maintenant **l'ouïe** (les rumeurs de l'autre rive). Puis la découverte de l'altérité, et de sa joie, comme le souligne cette sorte de chiasme final à la fois sémantique et phonique : jeux / autres / autres / joie.

***« La maison natale », poème II*** (p. 84)

Le locuteur a parfois l'impression qu'il pleut « doucement dans toutes les salles ». Le jeu des miroirs déjà présent dans le poème précédent est repris, souligné. L'espace où domine l'élément aquatique est encore multiplié.

[...] *J'allais d'une à une autre, regardant*
*L'eau qui étincelait sur les miroirs*
*Amoncelés partout, certains brisés ou même*
*Poussés entre des meubles et les murs.* (p. 84)

Le poème apparaît lui-même plus morcelé. Il comprend six phrases de longueurs inégales. La première constitue ce que l'on pourrait nommer refrain, ou litanie, commençant par le verbe « je m'éveillai », la seconde débute encore par un verbe, unipersonnel, « Il pleuvait ». Ce verbe associe immédiatement au poème l'image de l'eau. La troisième phrase débute par une formule présentative : « c'était de ces reflets », introduisant un discours explicatif, car de ce monde onirique naît parfois le visage d'une déesse.

*C'était de ces reflets que, parfois, un visage*
*Se dégageait, riant, d'une douceur*
*De plus et autrement que ce qu'est le monde.* (p. 84)

D'explication, en effet, le lecteur a besoin, car à partir d'objets simples de la réalité, nous touchons rapidement en effet à un monde « autrement que ce qu'est le monde », univers onirique et fantastique, si l'on s'en tient à la définition de Tzvetan Todorov tout du moins, car le glissement du réel au surnaturel se fait subrepticement. La maison natale est bien une maison du songe, ce qui trouve confirmation à la fin du poème :

*Ici rien qu'à jamais le bien du rêve,*
*La main tendue qui ne traverse pas*
*L'eau rapide, où s'efface le souvenir.* (p. 84)

Même si le poète ne reconnaît aucune influence consciente d'ordre surréaliste, les effets de miroir qui le caractérisent peuvent faire penser aux hologrammes de Salvador Dali. La main de la déesse, synecdoque* obsédante à la fin du poème, peut quant à elle nous rappeler le récit *Nadja*[1] d'André Breton, chef de file du groupe surréaliste dès les années 1920, dont on citera cet extrait : « Cette main, cette main sur la Seine, pourquoi cette main qui flambe sur l'eau ? C'est vrai que le feu et l'eau sont la même chose. » (Gallimard, collection « Folio », pp. 98 à 100). Quant à la déesse elle-même, elle peut rappeler celle du poème « Aube » des *Illuminations* de Rimbaud. Rimbaud, poète que reconnaissaient beaucoup de surréalistes, et auquel Bonnefoy a consacré plusieurs études. Voici un extrait du poème en prose « Aube » :

*La première entreprise fut, dans le sentier déjà empli de frais et blêmes éclats, une fleur qui me dit son nom.*
*Je ris au wasserfall blond qui s'échevela à travers les sapins : à la cime argentée je reconnus la déesse.*
*Alors je levai un à un les voiles.* […]

Ne reste qu'à comparer avec un extrait du poème de Bonnefoy :

*Et je touchais, hésitant, dans l'image,*
*Les mèches désordonnées de la déesse,*
*Je découvrais sous le voile de l'eau*
*Son front triste et distrait de petite fille.* (p. 84)

On soulignera l'allusion à un autre des cinq sens, le toucher. Le rêve consiste à toucher la déesse, à enfreindre les règles du « noli me tangere » (ne me touche pas). Ce poème possède une

---

1. Roman d'André Breton. Voir étude sur *Nadja* par Annie Urbarik-Rizk, Jean-Albert Bron et Christine Leiglon, collection « Réseau Diagonales », Ellipses, 2000.

dimension sensuelle incontestable. Initiatique peut-être aussi. La déesse est une petite fille. Le personnage est un enfant.

***« La maison natale », poème III*** (p. 85)

D'ailleurs, dans le texte suivant, il se trouve dominé par « deux grands êtres » : « L'un, derrière, une vieille femme, courbe, mauvaise, / L'autre debout dehors comme une lampe, / Belle, tenant la coupe qu'on lui offrait, / buvant avidement de toute sa soif. » Cette image double de la femme, une fois vieille et acariâtre, une autre fois belle, mériterait une interprétation d'ordre psychanalytique : contentons-nous pour le moment du fait qu'elle soit double, à l'image de ces nombreux héros des nouvelles ou des contes fantastiques du XIX$^{e}$ siècle. La plus belle des deux images fait d'ailleurs pousser à l'enfant « un cri d'amour ». Néanmoins, ce cri est désespéré. L'amour a insinué son poison dans ses membres. « Cérès moquée brisa qui l'avait aimée. » Faut-il voir là une image de la mère ? De l'éveil à la vie sensuelle ? C'est la nuit. On se situe au « seuil ». La maison natale apparaît bien dans ces poèmes comme l'image du « **vrai lieu** », ce « vrai lieu » présent déjà dans *Douve*. Rappelons ce qu'en disait John E. Jackson dans son étude sur *Yves Bonnefoy* des éditions Seghers :

> *Mais qu'est-ce que le « vrai lieu », et que représente-t-il ?*
> *Rien d'autre, en définitive, que l'aboutissement, cette fois vraiment assumé, de « l'ordalie » que décrivait le récit du même nom. Comme le formule l'exergue empruntée à la préface de la* Phénoménologie de l'esprit *(Hegel) : « Mais la vie de l'esprit ne s'effraie point devant la mort et n'est pas celle qui s'en garde pure. Elle est la vie qui la supporte et se maintient en elle. »* (p. 15)

Le « vrai lieu » représenterait l'expérience d'un enfant, expérience fusionnelle avec la mère, mais une mère au visage double, comme le confirmerait l'image de Cérès. L'enfant a certes « l'âge de l'espérance », mais le vrai lieu est aussi celui où le miroir se brise. Or le locuteur-personnage y est seul : « Il faisait nuit, des arbres se pressaient / de toutes parts autour de notre porte, / j'étais seul sur le seuil dans le vent froid, […] » **De nouveau**

**l'image de la porte, comme celle qui résistait dans le poème I. De nouveau aussi l'image du seuil, limite tracée entre l'ici et le dehors, l'ailleurs. De la même façon, le langage reste souvent opaque à la lumière du monde.** Ce poème paraît l'un des plus pessimistes du recueil qui, globalement, ne l'est pas. Revenant brusquement au présent, le dernier vers résonne comme une sentence glaciale : « Ainsi parle aujourd'hui la vie murée dans la vie. »

***« La maison natale », poème IV*** (p. 86)

L'atmosphère lugubre et sombre se poursuit. C'est encore la nuit. **L'eau est encore présente, point de convergence des trois sections, semble-t-il :**

*Une autre fois.*
*Il faisait nuit encore. De l'eau glissait*
*Silencieusement sur le sol noir,*
*Et je savais que je n'aurais pour tâche*
*Que de me souvenir, et je riais,* [...] (p. 86)

Le film continue, avec ses coupes. Les deux premiers vers sont constitués de phrases brèves. La **parataxe*** continue. Puis, tout à coup, le thème de l'eau provoque l'enjambement, et la phrase n'en finit plus. Elle s'écoule. L'enfant traîne avec lui dans la nuit « une brassée de branches et de feuilles ».

*Je me penchais, je prenais dans la boue*
*Une brassée de branches et de feuilles,*
*J'en soulevais la masse, qui ruisselait*
*Dans mes bras resserrés contre mon cœur.* (p. 86)

Pourquoi cette intertextualité forte dans ce dernier vers, qui ressemble à s'y méprendre au dernier vers du poème « Ma Bohême » d'Arthur Rimbaud ?

*Où, rimant au milieu des ombres fantastiques,*
*Comme des lyres, je tirais les élastiques*
*De mes souliers blessés, un pied contre mon cœur !*

Pas de « frou-frou des étoiles », mais une synesthésie* de même sens : « le bruit de la couleur » qui monte, comme tout à l'heure montait l'eau du rêve. Nouvelle allusion volontaire au poème de Rimbaud ? Dans « Ma Bohême », Rimbaud racontait une fugue. S'agit-il donc encore de raconter ici une fuite ? De faire allusion de manière indirecte, grâce à l'intertextualité, à la mère ? L'enfant cherche un refuge, « à la recherche / D'au moins quelque hangar », lieu clos, ressemblant au ventre de la mère, même s'il est vaste. Est-ce le rêve d'une nouvelle géante, comparable cette fois à celle des *Fleurs du Mal* de Baudelaire ?

À la fin, le rêve devient cauchemar :

*Et des voix, qui jetaient des ombres sur la route,*
*Ou m'appelaient, et je me retournais,*
*Le cœur précipité, sur la route vide.* (p. 86)

***« La maison natale », poème V*** (pp. 87-88)

Ce poème est peut-être le plus important de la section. Il est construit en deux temps, qui semblent les deux temps du rêve. Car **récit de rêve** il y a au sein du poème. Tout le poème est au présent, un présent de narration rendant plus réel et plus actuel le rêve (alors qu'il s'agit d'un rêve de l'enfant).

La première strophe revient à l'image obsédante de la barque.

*Or, dans le même rêve*
*Je suis couché au plus creux d'une barque,*
*Le front, les yeux contre ses planches courbes*
*Où j'écoute cogner le bas du fleuve.* (p. 87)

**Ces vers contiennent le titre de la section suivante** et, partant, le titre du recueil. Tout semble imbriqué, concaténé, à la façon des poupées russes. Or, quel est le centre ? La barque où le personnage locuteur se love. Cette forme recourbée du ventre du bateau peut faire penser à la forme arrondie du ventre de **la mère**. L'enfant se dit « allongé », mais n'est-ce pas aussi de façon recourbée, dans une sorte de position fœtale ? Quant à l'eau que le poète écoute cogner, lui qui aime se retrouver « au plus creux », la psychanalyse et la médecine ne pourraient-elles y découvrir le symbole du liquide **amniotique** ? Les enfants aiment dit-on se retrouver dans des lieux étroits et refermés : cela leur rappellerait la situation fœtale. Une telle lecture pourrait faire de la barque une image primordiale de la mère. Ailleurs, comme nous l'avons dit, elle est l'image de la poésie. On aura compris ce rapprochement : **le poème, c'est la mère, la mère idéale et perdue**, celle dont l'adulte ne peut plus disposer, justement parce qu'il est adulte. Certains commentateurs affirment qu'il ne faut déceler aucune nostalgie dans ce recueil. Est-ce bien certain de ce point de vue ? Ne passe-t-on pas d'ailleurs du bas du fleuve à la mer, puisque nous nous trouvons dans **une position médiane, celle de l'estuaire. L'estuaire, c'est par excellence le lieu du passage, passage du plus resserré au plus vaste**, du fleuve à la mer (la mère). Songe d'Ulysse encore. Songe du poète désirant passer du monde restreint du réel au monde plus vaste de l'océan, de l'eau qui a tout inondé, tout recouvert, au risque de s'y noyer et de s'y dissoudre, comme le fera la barque du passeur dans le poème *Les planches courbes*. C'est encore que le poète désire une rive « plus haute ou moins sombre » que le réel :

*Mais je garde mes yeux contre le bois*
*Qui a odeur de goudron et de colle.*
*Trop vastes les images, trop lumineuses,*
*Que j'ai accumulées dans mon sommeil.*
*Pourquoi revoir, dehors,*
*Les choses dont les mots me parlent, mais sans convaincre,*
*Je désire plus haute ou moins sombre rive.* (p. 87)

Dans la seconde strophe, l'enfant quitte pourtant la barque, « ce sol qui bouge ». Il retourne dans la maison dont l'apparence est de plus en plus onirique :

*Et pourtant je renonce à ce sol qui bouge*
*Sous le corps qui se cherche, je me lève,*
*Je vais dans la maison de pièce en pièce,*
*Il y en a maintenant d'innombrables* [...] (p. 87)

La maison natale n'est pas faite de matière inerte. Elle évolue, se métamorphose. N'est-ce pas, à ce stade, une représentation du moi qui se démultiplie à l'infini, ou du monde ? Du monde *et* du moi ? Derrière les portes crient toujours des voix. Ce n'est plus l'eau qui cogne, ce sont des douleurs. Le rêve se fait peut-être mémoire quand l'une des pièces ressemble à une salle de classe. Par cinq fois, et par l'intermédiaire d'une anaphore, une voix indéfinie incite l'enfant à **voir** :

> [...]
> *Vois, me dit-on, ce fut ta salle de classe,*
> *Vois sur les murs tes premières images,*
> *Vois, c'est l'arbre, vois, là, c'est le chien qui jappe,*
> *Et cette carte de géographie, sur la paroi*
> *Jaune, ce décolorement des noms et des formes,*
> *Ce dessaisissement des montagnes, des fleuves,*
> *Par la blancheur qui transit le langage,*
> *Vois, ce fut ton seul livre* [...]. (p. 88)

Nous nous situons en un temps postérieur à celui où l'enfant allait dans cette classe. C'est donc peut-être déjà l'adulte que l'on force à revoir. Expérience importante pour le poète, sur les murs de la classe se trouvent les premières images qu'il semble avoir examinées. Plusieurs fois de suite, le pronom démonstratif prend une valeur d'**embrayeur***, rendant le passé plus présent, plus réel d'une certaine façon : « cette carte », « ce décolorement », « ce dessaisissement » (on notera au passage l'invention verbale du mot « décolorement »). Dans tous les cas de figure, la détermination paraît facilement réalisée, les objets familiers de l'enfance semblant autodéterminés : « les murs », « la paroi jaune », « l'arbre », « l'Isis du plâtre », « le chien qui jappe » (il y aurait même là surdétermination), « des montagnes », « des fleuves »... L'adjectif possessif désigne plusieurs fois le lien de possession entre le visiteur et l'enfant qu'il a été : « ta salle de classe », « tes premières images », « ton seul livre ». Mais l'autodétermination ici est trompeuse : en effet, ce n'est pas le visiteur qui reconnaît tous ces objets. Un certain « on » lui dit qu'il faut y « voir » des objets familiers de l'enfance. Dans ce texte, le personnage témoin semble avoir été dépossédé de son passé. Il ne reconnaît pas lui-même les choses. Il faut que quelqu'un lui dise ce qu'il doit reconnaître. Est-ce le langage qui ne parvient plus à désigner son référent, ou le souvenir du poète qui est déficient ? Sans doute les deux à la fois.

### *« La maison natale », poème VI* (p. 89)

Ce poème utilise de nouveau les temps du passé, passé simple et imparfait surtout. Il se compose de deux parties, correspondant aux deux strophes. La première se situe le matin, la seconde en plein jour.

Tout le poème semble suivre un ordre chronologique. Dès le premier vers, nous retrouvons le thème de l'éveil devenu litanie : « Je m'éveillai ». Cette fois le locuteur-personnage a roulé dans un train durant toute la nuit et celui-ci se dirige « vers de grands nuages ». C'est l'aube, mais un orage gronde et le ciel est traversé par moments par « le lacet de la foudre ». L'importance est mise une nouvelle fois sur le regard du voyageur. Tout à coup, il aperçoit un autre feu, « feu de vignerons ».

*Je regardais l'avènement du monde*
*Dans les buissons du remblai ; et soudain*
*Cet autre feu, en contrebas d'un champ*
*De pierres et de vignes.* [...] (p. 89)

On remarquera au passage l'utilisation d'une sorte de contre-rejet à la fin du deuxième vers cité, précisément au moment où le regard atteint le feu. Cette strophe semble à la fois faire écho, en amont, aux premiers poèmes de « La pluie d'été » (nous y retrouvons par exemple les présences du vent, de la pluie, de la fumée), et aux poèmes de la section « Jeter des pierres », notamment au premier d'entre eux. Là, des voyageurs en voiture (la personne dominante ne sera plus « je » mais « ils »), cherchent à atteindre l'horizon, seuil reculant sans cesse. Soudain, une rougeur paraît, un feu, sans aucun doute le soleil : « Et voici qu'une rougeur y parut, soudain, un peu à gauche de l'en-avant de la route, là où tout de même, depuis un moment déjà, le sol se gonflait, à n'en pas douter, se hérissait de bosses et, qui sait, de creux, avec peut-être de l'eau. La rougeur s'accrut, elle élargit sa prise sur l'horizon, des taches de clarté intense, comme d'un feu, s'y firent jour [...] » (pp. 122-123). Sans doute faut-il insister sur le fait que **beaucoup de poèmes dans *Les planches courbes* sont aussi des récits**, et noter dans cette première strophe du poème VI une image qui nous semble typiquement rimbaldienne : « Mais une flamme rouge s'y redressait, / Prenant à pleines mains le bas du ciel. » Le voyageur a « l'âge encore de l'espérance », sans doute l'enfance, mais il possède déjà l'usage de la parole :

[...]
*Je dédiais mes mots aux montagnes basses,*
*Que je voyais venir à travers les vitres.* (p. 89)

***« La maison natale », poème VII*** (pp. 90-91)

Ce poème reprend le même schéma d'ensemble : la première strophe se situe le matin, les autres l'après-midi.

Le poète se souvient clairement de l'enfance. Faisant allusion plus précisément à un matin d'été et à son père, il avoue que ce souvenir lui est cruel :

*Il avait déposé la pioche, la bêche,*
*L'air était frais ce matin-là du monde,*
*Mais impénétrable est la fraîcheur même, et cruel*
*Le souvenir des matins de l'enfance.*
*Qui était-il, qui avait-il été dans la lumière,*
*Je ne le savais pas, je ne sais encore.* (p. 90)

Sans doute nous situons-nous toujours à l'époque où l'enfant va à l'école. **Le poète vieilli rend hommage à son père**, même si les mots sont impuissants à dire :

[...]
*Il repartait au travail, quant à moi*
*J'errais avec quelques-uns de ma classe*
*Au début de l'après-midi sans durée encore.*

*À ce passage-là, aperçu de loin,*
*Soient dédiés les mots qui ne savent dire.* (p. 90)

Les deux dernières strophes racontent le souvenir d'une partie de cartes avec le père. Ce jeu permet d'accéder au rêve. C'est l'unique moyen de le faire, semble-t-il. Puis deux voies se séparent et c'est l'oubli. **Allusion à la mort du père** ? (Dans ce cas l'enfant est le poète et a treize ans, voir la biographie.) Cette troisième strophe est longue, ne comprenant que deux phrases, dont l'une de quatorze vers ! S'en dégage une atmosphère étouffante.

*Après quoi deux voies se séparent, et l'une d'elles*
*Se perd, et presque tout de suite, et ce sera*
*Tout de même l'oubli, l'oubli avide.* (p. 91)

Ces strophes sont entre parenthèses (comme c'est le cas de quelques strophes dans le recueil). Pourquoi ? L'interprétation de ces parenthèses est difficile. La clé de l'énigme se trouve peut-être dans les quatre derniers vers du poème :

([...] *J'aurai barré*
*Cent fois ces mots partout, en vers, en prose,*
*Mais je ne puis*
*Faire qu'ils ne remontent dans ma parole.*) (p. 91)

Mettre entre parenthèses, voilà peut-être l'ultime effacement.

### *« La maison natale », poème VIII* (p. 92)

Ce poème semble donner une idée plus réaliste de « la maison natale ». La salle à manger en est petite. Peu à peu, de poème en poème, la formule rituelle « je m'éveillai » de début a fait place à « je me souviens », puis ici à « J'ouvre les yeux » :

*J'ouvre les yeux, c'est bien la maison natale,*
*Et même celle qui fut et rien de plus.*
*La même petite salle à manger dont la fenêtre*
*Donne sur un pêcher qui ne grandit pas.* (p. 92)

Que penser de la présence de la fenêtre, sinon qu'elle est déjà ouverture sur le monde, promesse d'évasement, d'évasion, estuaire ? Et du fait que le pêcher ne grandit pas ? Cet arbre fruitier, est-ce l'image du poète qui donne ses fruits, les poèmes, sans jamais grandir ? Faut-il lire seulement « pêcher qui ne grandit pas » ou peut-être aussi « péché » ?

De nouveau surgit **l'image des parents**. De nouveau aussi, l'importance de la vue et du regard :

> [...]
> *Ils se parlent, pour une fois. L'enfant*
> *Du fond de ce jardin les voit, les regarde,*
> *Il sait que l'on peut naître de ces mots.* (p. 92)

Et l'image du **père**, associée au travail :

> *L'homme vient de rentrer du travail. La fatigue*
> *Qui a été le seul nimbe des gestes*
> *Qu'il fut donné à son fils d'entrevoir*
> *Le détache déjà de cette rive.* (p. 92)

### *« La maison natale », poème IX* (p. 93)

Ce poème comprend trois strophes et trois phrases.

La première fait allusion à un poème de Keats, sans doute entendu fort tôt, mais dont l'enfant n'avait pas compris tout le sens. Le vers de Keats si important est extrait de l'*Ode au rossignol* et fait allusion à Ruth. Il est donné en anglais : « when, sick for home, / She stood in tears amid the alien corn » (quand nostalgique, elle se tenait en pleurs au milieu d'un champ de blé étranger). Une autre ode de Keats, l'*Ode à l'urne grecque* a été traduite par Yves Bonnefoy dans un petit livre paru aux éditions de La Tilv (aujourd'hui éditions Anagrammes à Perros-Guirec), dans la collection « essais 50 », *La petite Phrase et la longue Phrase.* N'oublions pas qu'Yves Bonnefoy est aussi traducteur de l'anglais, et d'abord de William Shakespeare. Il a aussi traduit Yeats et Donne.

**La phrase anglaise est la petite, et la phrase française la longue selon Bonnefoy**. Répondant dans ce livre aux questions de l'écrivain et poète Jean-Pierre Attal et de Mai Mouniama, le poète livre quelques clés sur son art de traduire et d'écrire.

Le sens de ce vers de Keats, dit le poète, se trouvait donc en lui depuis l'enfance. Il n'a fait que ressurgir. Nous nous situons bien, semble-t-il, dans le domaine de la psychologie, et même de la psychanalyse. Le poète pratique-t-il une sorte d'auto-analyse ? Il se pourrait que le poème serve ici à faire ressurgir du passé bien des « événements » enfouis et peut-être refoulés. Dans une sorte de contre-rejet, l'amour pour le vers de Keats devenu familier est souligné :

*Or, de ces mots*
*Je n'avais pas à pénétrer le sens*
*Car il était en moi depuis l'enfance,*
*Je n'ai eu qu'à le reconnaître, et à l'aimer*
*Quand il est revenu du fond de ma vie.* (p. 93)

Puis le texte revient sur la **présence maternelle**, décrite comme « évasive » (mère-estuaire) et se termine sur une question la concernant. Ce que le personnage a recueilli d'elle, n'est-ce pas seulement « le sentiment de l'exil et les larmes » ? Or le poète reste « **regard** cherchant à **voir** / Dans les choses d'ici le **lieu perdu** ? » (Nous avons porté en gras certains mots.) Souvenons-nous de ce que disait Jean-Michel Maulpoix :

*L'écriture poétique cherche à voir « dans les choses d'ici le lieu perdu ». Ses mots, ses images, ses vers, palpent aveuglément les murs d'une « maison natale » qui est en définitive moins celle où l'on a réellement vécu que celle dont on transporte en soi, comme un précieux viatique, les odeurs et les chambres. Une maison qui serait comme un navire, où s'endormir l'oreille collée contre le bois. Maison de mémoire ou maison de langue, laissant encore une fois venir, mais dans la brillance d'une poignance[1] tout autre, ce qui naguère nous fut donné aveuglément.*

1. Nom créé à partir de l'adjectif qualificatif « poignant » : qui cause une douleur ou une angoisse. État de ce qui cause une douleur ou une angoisse. Ce mot convient bien, en effet, à la poésie d'Yves Bonnefoy.

***« La maison natale », poème X*** (pp. 94-95)

Une nouvelle fois ce poème comprend deux strophes, la seconde étant rédigée entre parenthèses.

Il ne débute pas par l'expérience de l'éveil, comme bien d'autres dans cette section, mais par une allusion à la vie :

*La vie, alors ; et ce fut à nouveau*
*Une maison natale.* [...] (p. 94)

Pourquoi cette soudaine allusion à la vie ? Peut-être parce qu'à la fin du poème précédent l'allusion à la naissance du poète a enfin été prononcée, le personnage cherchant « dans les choses d'ici le lieu perdu » (ce qui résume assez bien toute la poétique d'Yves Bonnefoy). Pourquoi aussi cette allusion à « **une** maison natale », et non plus à « **la** maison natale » ? Parce que le poète Bonnefoy est en train de naître, ce qui constituerait une nouvelle naissance ?

L'éveil n'a lieu qu'après. Une nouvelle fois, nous nous situons à l'aube, au moment où le jour naît. Le verbe « s'éveiller » n'est plus conjugué au passé simple mais à l'imparfait de l'indicatif, soit que l'éveil ait duré, soit que le verbe possède ici un **aspect itératif** (l'éveil s'est répété). Cette seconde solution semble la plus probable, d'autant que la formule sera reprise au début de la seconde strophe.

Qui se trouve également derrière le « nous » utilisé dès le début du poème ? Le poète et sa mère ? La fin de la première strophe pourrait apparaître cette fois comme un hommage rendu par le poète vieilli à sa mère :

*Je pressentais que le jour allait poindre,*
*Je m'éveillais, et je me tourne encore*
*Vers celle qui rêva à côté de moi*
*Dans la maison perdue. À son silence*
*Soient dédiés, au soir,*
*Les mots qui semblent ne parler que d'autre chose.* (p. 94)

La seconde strophe, entre parenthèses, renouvelle une atmosphère maritime dans laquelle l'éveil au monde correspond à des jours avançant lentement comme un fleuve vers la mer. Le verbe « s'éveiller » est de nouveau conjugué à l'imparfait. Le poème se réfère toujours au passé, mais du début de la section à sa fin, nous passons d'un temps fugitif, qui ne dure presque pas (le passé simple), à un temps qui dure davantage (l'imparfait). C'est peut-être que déjà le temps s'incurve et devient relatif, comme l'affirmera le poème suivant.

*(Je m'éveillais,*
*J'aimais ces jours que nous avions, jours préservés*
*Comme va lentement un fleuve, bien que déjà*
*Pris dans le bruit de voûtes de la mer.* […]*)* (p. 94)

La réalité est dotée de voiles qui acceptent sur le navire « l'humaine vie précaire ». En avant de la proue viendra **la mort**, mais une mort qui semble tranquille, associée à l'image des enfants qui jouent le soir sur la plage, cette frontière entre deux univers, celui de la terre et celui de la mer.

*(*[…] *Ô souvenir,*
*Elles couvraient des claquements de leur silence*
*Le bruit, d'eau sur les pierres, de nos voix,*
*Et en avant ce serait bien la mort,*
*Mais de cette couleur laiteuse du bout des plages*
*Le soir, quand les enfants*
*Ont pied, loin, et rient dans l'eau calme, et jouent encore.)* (p. 95)

### ***« La maison natale », poème XI*** (p. 96)

Ce poème n'est pas sans lien avec le précédent, puisque le décor est toujours maritime. Il y a des dunes, des sables, de l'écume, un rivage, des nageurs, le navire… autant de présences filant le décor maritime propre aux *Planches courbes*. Il fait également allusion sans doute à la mort, métaphorisée par l'image du navire noir attendant au large, éclairé tel un candélabre.

*Et je vois qu'un navire attend au large,*
*Noir, tel un candélabre à nombre de branches*
*Qu'enveloppent des flammes et des fumées.* (p. 96)

Le locuteur n'est pas le seul à être appelé à bord : des nageurs se dirigent vers le vaisseau fantôme. Une « ombre » demande que l'on aide ceux qui « demandent rivage », et ce rivage, il semble cette fois que ce soit la mort, l'ultime port. Ces vers qui lui font écho peuvent conférer au poème *les Planches courbes* un sens particulier : le nautonier sera bien aussi une sorte de Charon, passeur des enfers, aidant à faire passer les âmes dans le monde des morts. Mais les deux derniers vers sont surprenants, car ce que le poème finit par mettre en exergue, c'est la beauté.

*Qu'allons-nous faire ? crie-t-on de toutes parts,*
*Ne faut-il pas aider ceux qui là-bas*
*Nous demandent rivage ? Oui, clame l'ombre,*
*Et je vois des nageurs qui, dans la nuit,*
*Se portent vers le navire, soutenant*
*D'une main au-dessus de l'eau agitée,*
*Des lampes, aux longues banderoles de couleur.*
*La beauté même, en son lieu de naissance,*
*Quand elle n'est encore que vérité.* (p. 96)

Pas n'importe quelle beauté donc, mais celle qui « n'est encore que vérité », beauté idéale pour le poète, quand le langage insinue le mensonge. Rappelons que cette double allusion à la beauté et à la vérité est fréquente, notamment au vers 17 du second poème de la section « Dans le leurre des mots » ou bien encore dans le poème XII de « La maison natale ».

Comment ne pas entendre une fois encore un écho de ce passage dans le poème « Une pierre » (p. 38), de la première section du recueil, « La Pluie d'été », qui confirme notre lecture (et où nous avons porté en gras quelques mots) ?

*Il se souvient*
*De quand deux mains terrestres attiraient*

*Sa tête, la pressaient*
*Sur des genoux de chaleur éternelle.*

*Étale le désir ces jours, parmi ses rêves,*
*Silencieux le peu de houle de sa vie,*
*Les doigts illuminés gardaient clos ses yeux.*

*Mais le soleil du soir,* ***la barque des morts,***
*Touchait la vitre, et* ***demandait rivage.***

### « La maison natale », poème XII (p. 97)

Puisque dans le recueil le temps nous paraît courbe et relatif (« le temps qui se creuse » du poème XI), ce poème n'est certainement pas à situer durant l'enfance du locuteur. À la lecture, du moins, nous ne le ressentons pas ainsi. Il semble plutôt que « celui qui demandait un lieu natal » soit le poète vieilli, dressant ici une sorte de bilan. Le premier vers de la deuxième strophe va dans ce sens, puisque le locuteur fait allusion à son actualité immédiate : « Je comprends maintenant [...] ».

Ce locuteur, nous l'avons souvent remarqué, a fait de la vérité et de la beauté des idéaux, mais difficiles à atteindre. « Beauté et vérité, mais ces hautes vagues / Sur ces cris qui s'obstinent [...] ». La conjonction de coordination « mais », de sens adversatif, marque l'opposition entre le désir et la réalité. Le second adjectif démonstratif « ces », anaphorique, renvoie au poème précédent, et plus particulièrement à « ceux qui là-bas demandent rivage ». Non seulement un relais est ainsi ménagé d'un poème à l'autre, mais l'écho nous semble réel de ces voix qui appellent. Dans un monde qui crie, assourdissant, il est difficile de continuer à entendre l'espérance : « [...] Comment garder / Audible l'espérance dans le tumulte [...] ? » Difficile de ne pas déceler une dimension autobiographique dans ce vers, quand on sait que le poète n'a cessé de chanter l'espoir. À présent la mort le chasse au dehors de la maison, l'expulsant vers la finitude. Ce passage est très important, car il nous permet de donner à la « maison natale » différents sens. Ce ne saurait être seulement la maison où le locuteur est né : **c'est la maison qu'il a demandée et cherchée durant toute son existence**. Cette section raconte et décrit donc bien **une quête**. Or le poète se pose des questions : que peut-il faire pour inverser le cours des choses, « pour que la maison s'ouvre, de l'intérieur [...] » ? À cette question, il ne répond pas. Il se sent simplement aujourd'hui plus lucide.

Les strophes 2 et 3 font allusion au mythe de Cérès et à un tableau d'Adam Elsheimer, peintre et graveur allemand qui vécut à la fin du XVIe siècle et au début du XVIIe. Dans un essai de *Dessin, couleur et lumière* (1995) (associé dans la collection « Folio-essais » de Gallimard au *Nuage rouge* de 1977), « Une Cérès à la nuit, d'Adam Elsheimer » (p. 235 *sqq.*), Yves Bonnefoy a fait allusion au petit tableau *La Dérision de Cérès*, frappé par sa modernité. Le mythe raconte que sa fille Perséphone (Proserpine), qu'elle avait eue de Zeus, fut enlevée par Hadès, dieu des morts et des enfers, qui était amoureux d'elle, alors qu'elle jouait avec ses sœurs, autres filles de Zeus, et les nymphes. Cet épisode est raconté dans l'*Hymne homérique à Déméter* ainsi que dans les *Métamorphoses* du poète latin Ovide. Déméter (Cérès) chercha alors sa fille dans tout le monde connu pendant neuf jours et neuf nuits, sans boire ni manger. Le peintre allemand s'est attaché à un moment du mythe particulièrement difficile à interpréter, celui où la déesse en quête arrive de nuit dans une humble masure et demande à boire à la vieille femme qui y habite. Or un jeune garçon qui se trouve là se moque d'elle en la voyant boire avec avidité. Sur le tableau, nous le voyons à droite, le doigt pointé en signe de dérision vers Cérès. Celle-ci, raconte encore le mythe, le change alors en lézard. Si le poète du XXe siècle a trouvé ce tableau moderne, c'est parce qu'il pratique en quelque sorte un récit de rêve. Dans notre poème, qui clôt « La maison natale », le locuteur raconte que Cérès lui est apparue de nuit, cherchant refuge. Le bol dans lequel elle veut boire est celui de l'espérance, cette espérance si chère à Bonnefoy, comme nous l'avons expliqué déjà. Celui-ci souligne sa qualité de mère, une mère qui recherche son enfant, qui n'aurait dû cesser de rire, mais d'un rire pur, non un rire de moquerie.

> *Je comprends maintenant que ce fût Cérès*
> *Qui me parut, de nuit, chercher refuge*
> *Quand on frappait à la porte, et dehors,*
> *C'était d'un coup sa beauté, sa lumière*
> *Et son désir aussi, son besoin de boire*
> *Avidement au bol de l'espérance* [...] (p. 97)

Déjà dans l'essai *Le Nuage rouge*, Bonnefoy commente le tableau d'Elsheimer. Il n'y voit pas seulement l'intuition d'un art de l'Idée chez le peintre allemand, mais aussi « la conscience prise de la précarité du sacré : le Dieu des morts étant l'avare et le riche, celui par l'effet duquel toute présence se dégrade en bien que l'on thésaurise, et tout symbole se fait « confuse parole », toute approche de l'Un se perd. » Il ajoute : « Cérès est l'être, que l'esprit de possession vient éteindre dans chaque vie qu'éclairait le sens. Proserpine est la vie qui pourrait être présence, participation à un sens, à l'être donc, et que voici aliénée de soi [...] » (p. 32). **Les deux dernières strophes du dernier poème de « La maison natale » renvoient donc clairement à la poétique d'Yves Bonnefoy, cette poétique de la présence, de la compassion et de l'espoir.** La vieille femme qui recevait Cérès avec hospitalité avait su pratiquer le don et la compassion, mais la déesse, dans son orgueil et sa colère, ne sait pas la rendre, oubliant qu'elle est mère elle-même. Dans l'essai *Le Nuage rouge*, Bonnefoy analyse encore le rire de l'enfant comme un geste de défense (p. 33). Mais Cérès va lui jeter le reste de liquide contenu dans sa cruche et le visage de l'enfant va se couvrir de taches. « Des pattes prendront la place des membres, le corps s'amenuisera, la divinité a voulu que l'offenseur devienne un lézard, j'aimerais dire une salamandre. » (p. 34). Il faut voir dans cette dernière phrase une autocitation, puisqu'il s'agit à la fois de la salamandre rencontrée dans *Du Mouvement et de l'immobilité de Douve* et dans cet essai (voir le chapitre présentant l'œuvre d'Yves Bonnefoy).

Par compassion aussi, semble dire le poème, il faut ressentir de la pitié pour Cérès, et non se moquer d'elle. **Cérès apparaît comme le symbole d'une humanité qui souffre et cherche, comme cherche le poète.** Lui aussi lance des « cris d'appels » par les mots :

*Et pitié pour Cérès et non moquerie,*
*Rendez-vous à des carrefours dans la nuit profonde,*
*Cris d'appels au travers des mots, même sans réponse,*
*Parole même obscure mais qui puisse*
*Aimer enfin Cérès qui cherche et souffre.* (pp. 97-98)

Elle-même aurait dû ressentir de la pitié face à l'enfant rieur nous dit Bonnefoy dans *Le Nuage rouge* : « Pitié qu'il eût fallu au divin (Cérès), en cet instant-là, devant ce regard tardif, pour échapper à sa propre précarité essentielle, qui naît de son indifférence de grande chose éternelle aux vies que la terre porte. » (p. 33).

Ce poème XII (nombre répondant à une construction classique et même antique) fait donc bien figure de conclusion de « La maison natale ». On l'aura compris, il se situe entre l'autobiographie et l'essai. Ce n'est pas Cérès que Bonnefoy a rencontrée, une nuit, cognant à la porte de cette maison, mais un tableau. Pourtant, le tableau d'Elsheimer, dans sa modernité, a ouvert largement la porte à une poétique qui s'affirme, poétique de la présence et surtout de la compassion. **De manière rétroactive, nous pouvons donc relire cette section à la lumière de ce dernier poème : à chaque fois que l'on frappe à la porte, c'est une Cérès qui se présente. Et le locuteur, le poète comme le lecteur de poésie sans doute, a le choix ou non d'ouvrir, choix de la dérision ou de l'empathie, de l'absence ou de la présence.**

### « Les planches courbes »

Cette section ne comprend qu'un poème en prose, mais c'est lui qui donne son titre au recueil, d'où son importance. Ce poème, qui tient aussi du conte, plutôt merveilleux que fantastique, raconte encore un passage. On y retrouve un passeur semblable au Charon des enfers, déjà souvent présent dans l'œuvre poétique de Bonnefoy (voir le chapitre présentant l'œuvre), et même dans un récit poétique, « Le Canot de Samuel Beckett », compris dans le recueil *La Vie errante*, le dernier que Bonnefoy a publié avant *Les planches courbes.*

Mais de quoi s'agit-il exactement ici ?

Un enfant demande au nautonier de « passer le fleuve ». En cours de route, la barque s'enfonce peu à peu dans les flots, ou plutôt se dissout en lui, sans couler vraiment. Le passeur doit alors conduire le jeune enfant, à la nage, « dans cet espace sans fin de courants qui s'entrechoquent, d'abîmes qui s'entrouvrent, d'étoiles. »

Ce récit se prête à de multiples interprétations, mais comment l'interpréter au mieux en contexte, et dans l'œuvre de Bonnefoy ? Que symbolisent la barque, le fleuve, la voix de l'enfant ?

Nous chercherons, dans un premier temps, quels sens symboliques donne Bonnefoy au « passage » dans ce texte, à la barque et au fleuve ; nous analyserons ensuite de plus près certaines paroles des deux personnages en présence pour nous demander quel sens elles donnent à la parole poétique.

### *Sens symboliques du « passage »*

La barque n'est-elle que l'instrument du passage ; le fleuve et l'eau symbolisent-ils l'inaccessible ?

#### ❑ *La barque, instrument de passage*

Nous assistons incontestablement ici à un retour au mythe du passage dans le monde des morts, l'enfant apportant au passeur son obole : « Il tenait serrée dans sa main la petite pièce de cuivre » (v. 6-7). Ce poème réalise donc un écho avec celui qui l'a précédé dans « La maison natale », Cérès recherchant sa fille enlevée par Hadès, dieu des enfers. Mais il ne s'agit cette fois que d'un garçon, le passeur l'appelant « mon petit ». Au couple mère-fille est substitué le couple père-fils. Il est donc possible de voir dans ce poème un pendant du poème précédent. Ce jeune garçon, est-ce le poète-enfant, le poète tout court, cherchant à gagner l'au-delà, ou tout homme se confrontant à la mort pour l'accepter ? À ce stade, contentons-nous de dire que la barque, instrument du passage, est souvent présente dans l'œuvre de Bonnefoy. C'est une sorte de puits inépuisable d'images illustrant la condition même du poète. Les thèmes du passage et du mort donnant son obole ne sont pas nouveaux dans l'œuvre de Bonnefoy, puisqu'on les trouve, notamment, dans le recueil *Du Mouvement et de l'immobilité de Douve*. Douve y tentait un dialogue avec les chiens de l'enfer et le nautonier :

*J'entends à travers vous quel dialogue elle tente*
*Avec les chiens, avec l'informe nautonier,*
*Et je vous appartiens par son cheminement*
*À travers tant de nuit et malgré tout ce fleuve.* (p. 65)

La barque apparaît aussi comme l'instrument lui permettant de se diriger vers la rive étrangère, l'autre rive. Le passage de l'autre côté du fleuve est perçu par cet enfant comme une nécessité : « Je dois passer le fleuve, dit-il. J'ai de quoi payer le passage. » L'utilisation du discours direct rend sa parole plus réelle, plus palpable, plus actuelle aussi. On remarquera d'ailleurs que le temps dominant le récit est le présent. Il s'agit de présenter l'événement *Hic et nunc*, ici et maintenant.

❑ *Une résonance du texte dans « Le canot de Samuel Beckett »*

Sans doute serait-il bon, alors que nous parlons de barque et de passage, de faire allusion ici au récit poétique « Le Canot de Samuel Beckett » compris dans le recueil *La Vie errante* de 1993. En effet, la rédaction de certains poèmes des *Planches courbes* fut contemporaine de celle de certains textes de *La Vie errante*. Le narrateur pour traverser un bras d'eau ressemblant à un « autre monde » a pris une barque. « L'île est un peu loin du rivage [...]. Quelqu'un dont nous ne savons rien, sinon la bienveillance et qu'il a voulu que nous venions là, nous a pris dans sa barque, nous sommes partis mais il pleut et traverser le bras d'eau ressemble, sous le voile des ombres souvent très noires, à une trouée dans les apparences, au rêve d'un autre monde, peut-être à déjà un peu de celui-ci, faible rayon dans les taches sombres. Une rive pourtant, au bout de quelques minutes. » (p. 123) Il arrive ainsi sur l'autre rive, dans une île (nous nous trouvons dans un pays anglophone et celtique, et le lecteur comprendra qu'il s'agit de l'Irlande, le narrateur faisant allusion à « l'Irlande des années 1940 ou 1950, aussi mystérieuse qu'un bateau cherchant le rivage ») (p. 126). On lui montre la photographie d'un vieil homme qui le fait immédiatement penser à Samuel Beckett. Or l'écrivain irlandais « a écrit comme ce vieil homme partait, seul sur la mer. » À présent, Beckett est mort, et le récit poétique se termine sur ces mots : « Beckett est là-bas maintenant, dans ce canot parfois peut-être encore presque visible là où la crête de l'océan s'ébouriffe dans le soleil qui se couche. Et ce que disent ses livres, ne l'écoutons qu'au travers du bruit constant de la vague, ou intermittent de la pluie. » Difficile de ne pas établir un parallèle entre ce récit et « Les planches courbes ». Yves Bonnefoy a pensé à la mort de Beckett, à l'au-delà, à ce que nous pourrions nommer le « vrai passage ». L'écrivain irlandais a fait l'expérience de la mort réelle. Il est à présent sur l'autre rive. Penser à cette mort, ce peut être aussi pour Bonnefoy envisager la sienne, la voir en face, tout comme dans *Douve*, et dans combien d'autres textes ! On notera aussi que *Les planches courbes*, le recueil dans son ensemble cette fois, s'écoute « au travers du bruit constant de la vague, ou intermittent de la pluie ».

L'eau, dans le poème « Les planches courbes », recouvre les planches de la barque, faisant courir à l'enfant et au passeur le risque d'être avalés par les « abîmes qui s'entrouvrent » :

> [...] *l'eau arrive à hauteur du bord, elle le franchit, elle emplit la coque de ses courants, elle atteint le haut de ces grandes jambes qui sentent se dérober tout appui dans les planches courbes.* (p. 104)

### *La parole poétique*

Si nous pratiquons une lecture seconde, symbolique de ce texte, le danger de la traversée s'applique au poète, et le poème lui-même s'apparente au passeur.

❑ *Le poète et le danger de la traversée*

Cette impression du danger encouru lors du « passage » nous fait penser au danger de l'écriture lui-même. Dans un article de *La Quinzaine littéraire* du 15 novembre 2001, Jean-Michel Maulpoix déclare : « Le poème est la barque du passeur. Il traverse le rien, il cherche un rivage, noue une ombre à une illusion, mais sait avec exactitude quel poids d'espérance et de chair est une existence. » Ici, le passeur souffle à l'oreille de l'enfant qui grandit (peut-être grâce au passage lui-même) : « N'aie pas peur [...], le fleuve n'est pas si large, nous arriverons bientôt. » Comme Yves Bonnefoy l'a sans cesse répété, l'angoisse naît du morcellement de l'univers « en représentations multiples », et des concepts. Analysons de plus près quelques paroles du passeur et de l'enfant pour nous en convaincre.

❑ *Le passeur-poème*

Au moment où la barque ici se dissout dans l'eau coïncide celui où les membres du jeune enfant grandissent comme par magie. C'est qu'alors il commence à ne plus faire qu'un avec un univers « lui-même non morcelé en représentations multiples comme le nôtre ». Le passage a réellement lieu. Et si le passeur prend la figure du père, c'est parce qu'il aide l'enfant à passer sur l'autre rive. La poésie n'est-elle pas elle-même le passeur ? Et pour elle, le poète a payé son obole à la société : « au milieu des huées / Ses ailes de géant l'empêchent de marcher », ou plutôt : ses jambes de géant l'empêchent de passer. La poésie pouvait-elle offrir un toit, une maison, un asile ? Certes pas. Tout juste l'amer* de Saint John Perse.

*« Ton père ! Mais je ne suis que le passeur ! Je ne m'éloigne jamais d'un bord ou de l'autre du fleuve.*

*– Mais je resterais avec toi, au bord du fleuve.*
*– Pour être un père, il faut avoir une maison, ne comprends-tu pas ? Je n'ai pas de maison, je vis dans les joncs de la rive.*
*– Je resterais si volontiers auprès de toi sur la rive !*
*– Non, dit le passeur, ce n'est pas possible.* […] » (p. 103)

On remarquera d'ailleurs comment certaines expressions, dans ce récit poétique, semblent renvoyer, de façon anaphorique, aux poèmes de « La maison natale » :

*N'as-tu pas un père, une mère ? Où est ta maison, dis-moi.*

Jusqu'au renversement, puisque c'est ici l'adulte, le nautonier qui rit et non l'enfant, comme dans le tableau d'Elsheimer, et le mythe de Cérès :

*Mais il avait eu d'abord une sorte de petit rire.*

Il convient de rappeler qu'à cette allégorie du **passeur** répond dans le recueil celle du lecteur-**passant** dans le poème « Passant, ce sont des mots […] » (p. 40)

❑ *L'enfant-poète : le difficile passage*

On peut aussi faire une lecture plus psychologique. Pour l'enfant, le passage du fleuve peut symboliser aussi le passage à l'âge adulte. Ce qui revient au même. Pour le poète, en effet, comme pour tout amateur de poésie, et tout homme, l'expérience de la mort est gage de maturité, mort à soi-même, à ce premier moi enfermé dans le concept. Face à la demande renouvelée de l'enfant, le passeur le dit d'ailleurs clairement :

*– Oh, s'il te plaît, sois mon père ! Sois ma maison !*
*– Il faut oublier tout cela, répond le géant, à voix basse. Il faut oublier ces mots.* ***Il faut oublier les mots***. (Nous mettons en gras la dernière phrase) (p. 104)

Voilà sans doute d'ailleurs pourquoi, à la fin du poème, le « passage » n'a pas encore eu lieu, pourquoi nous en restons au milieu du fleuve. L'enfant doit absolument faire ce travail sur le langage et sur sa perception du monde pour espérer un jour réellement passer dans le « monde second » ou le « vrai lieu ».

Telle est aussi la situation du poète, qui ne passe jamais tout à fait sur l'autre rive, ou si rarement, et qui ne sait jamais vraiment non plus *quand* se fait le passage. C'est que, par essence, le langage nous piège. Le poète, notamment par le travail de son chant, grâce au son interférant avec le sens, ne parvient qu'à neutraliser un moment, qu'à suspendre, à différer le travail de fragmentation que le langage courant accomplit. « Cette perception, ajoute Yves Bonnefoy dans l'article « *Événements d'écriture* » (revue La Tribune internationale des langues vivantes, éd. La Tilv-Anagrammes, n° 37-38, mai 2005), ne sera jamais possession, parce que le pouvoir du concept ne sera jamais totalement révocable. »

**Ainsi, mieux que le mot est le nom**, qui ne se réfère qu'à lui-même. Aussi le poète devrait-il apprendre à écrire avec des noms plutôt qu'avec des mots. C'est dans ce sens, selon nous, qu'il faut interpréter les paroles du passeur au début du texte, paroles à portée initiatique. Le nom, c'est l'identité propre. Comment oser prétendre être un artiste en adoptant l'identité d'un autre ?

*« Bonjour, mon petit, répondit-il. Qui es-tu ?*
*– Oh, je ne sais pas, dit l'enfant.*
*– Comment, tu ne sais pas ! Est-ce que tu n'as pas de nom ? »*
*L'enfant essaya de comprendre ce que pouvait être un nom. [...]*

(p. 101)

À nouveau, nous pourrions nous reporter au poème « Passant, ce sont des mots [...] » de la section « La pluie d'été », dans laquelle la thématique du nom, associée à la poésie, est soulignée de façon insistante :

*Prête l'oreille, entends d'abord l'heureuse abeille*
*Butiner dans nos noms presque effacés.*

Et :

*Simple te soit l'écoute ! Le silence*
*Est un seuil où, par voie de ce rameau*
*Qui casse imperceptiblement sous ta main qui*
*Cherche*
*À dégager un nom sur une pierre*

*Nos noms absents désenchevêtrent tes alarmes,*
*Et pour toi qui t'éloignes, pensivement,*
*Ici devient là-bas sans cesser d'être.* (p. 40)

## *Conclusion*

À ce stade enfin, nous comprenons ce qui relie vraiment les trois sections que nous venons de lire : il s'agit d'**une réflexion sur la poésie autant que d'une autobiographie en poésie**. Nous sommes dans le leurre des mots. En revenir à la maison natale, c'est en revenir à l'origine, à l'innocence, à la position fœtale de celui qui écoute le monde à travers le bruit de l'eau qui le traverse, car cette eau du langage et du concept est prête à l'envahir. Passer de l'autre côté du sens, dans la vraie maison, dans le « vrai lieu » de la parole, c'est s'attacher au nom plus qu'au mot, ou c'est du moins déshabiller ceux-ci pour un temps. « – Mais cet exister sans recul est inaccessible — pense le même ami de la poésie quand il redouble sa nostalgie de quelque conscience philosophique — puisque les mots découpent le monde, prenant appui dans les choses sur simplement des aspects, et donc fragmentent l'Un, et en effacent jusqu'à l'idée dans leurs systèmes de représentation toujours incomplets et en concurrence. » (« Événements d'écriture », p. 70). Yves Bonnefoy d'ajouter, de la manière la plus claire qui soit : « Pour autant qu'il est un réseau de concepts le langage est notre chute, et c'est son emploi même qui est la cause de l'angoisse, c'est-à-dire aussi bien de la violence, qui traverse l'histoire humaine. Parler rend fou, quand les mots ne sont que le véhicule de la notion, ce que l'on nomme la prose. » **Ces trois sections qui s'appuient sur le souvenir apparaissent également comme un panégyrique de la poésie et de son langage propre.**

Deuxième partie

# Les thèmes

## La dimension autobiographique du recueil

On peut, à juste titre, s'interroger sur le caractère autobiographique de ce recueil. Peut-il l'être, ne serait-ce que partiellement, dans la mesure où Yves Bonnefoy a regroupé des sections indépendantes au moment de leur conception ? Certes, on ne trouvera pas de pacte explicite mais une énonciation et des figures qui peuvent nous amener à nous interroger sérieusement.

### *L'énonciation*

#### *« La pluie d'été »*

On remarquera tout d'abord la présence du « nous » récurrente dans « La pluie d'été » dès le premier poème : « nos mains », « nos yeux » (p. 11) qui disparaît sous un pronom personnel de 3e personne, « Ils s'attardaient, le soir, / Sur la terrasse [...] » (p. 12), comme si le poète voulait mettre une distance d'emblée entre ces personnages qui évoluent dans un cadre familier et celui qu'il est aujourd'hui. Le troisième poème retrouve un « nous », qui se transforme immédiatement en « je » réitéré :

*Matins que nous avions,*
*Je retirais les cendres, j'allais emplir*
*Le broc, je le posais sur le dallage,*
*Avec lui ruisselait dans toute la salle*
*L'odeur impénétrable de la menthe.*

*Ô souvenir,*
*Tes arbres sont en fleurs devant le ciel* [...] (p. 13)

Il nous semble tenir ici tous les « ingrédients » d'un poème autobiographique : affirmation du « moi », mis en valeur par des propositions courtes, actes répétés de la vie courante avec l'imparfait à valeur itérative, précision des détails et expression des sens, ici l'odorat et la vue, créateurs d'une image réaliste, et bien sûr, utilisation du terme « souvenir » qui désigne explicitement un retour en arrière. Notons sa réaffirmation dans « La pluie d'été » (p. 15) :

*Mais le plus cher mais non*
*Le moins cruel*
*De tous nos souvenirs, la pluie d'été*
*Soudaine, breve.*

Il semble bien que le poète recrée par le vers des images du passé, images fugaces, fugitives qui l'inondent par spasmes, la syntaxe renforçant cet effet, ici par exemple avec l'ellipse du verbe. L'image s'impose à toute construction grammaticale, immédiate. La suite du recueil semble un temps abandonner le « je » pour reprendre la forme plurielle, « nous », qui paraît diluer le souvenir dans une sorte de brume, jusqu'au poème « Que ce monde demeure » I : « Je redresse une branche / Qui s'est rompue. [...]. » Ici, un présent de l'indicatif très étonnant : l'image passée est-elle à ce point nette qu'Yves Bonnefoy puisse l'actualiser ? Ou faut-il conclure à une fusion du passé et du présent, à laquelle appelle le titre, semble-t-il ? On retrouve la même situation, dans « Je déplace du pied » :

[...]
*Je n'ai troublé qu'un peu*
*La vie sans mémoire.*

*Comme il fait beau, ce soir !*
*À peine si*
*Je sais, sur ce chemin,*
*Que j'existe encore.* (p. 36)

Les pierres, comme les mots, couvrent des vies et des images. Un moment le poète a ranimé les souvenirs d'enfance mais très vite il semble s'élever, car ils ne créent pas de nostalgie, ils apparaissent par bribes sereinement, abolissant le temps :

*Et aller ce chemin*
*Ou bien cet autre,*
*Ainsi sans hâte va, s'évaporant,*
*La pluie dans l'herbe.* (p. 37)

La référence à Shakespeare[1] souligne à quel point le poème est apaisant et apaisé ; nulle obsession de la mort ici mais une forme de dissolution cosmique, à la fois dans la nature et dans le temps. Toute la fin de cette section voit disparaître le « je », si ce n'est par reflet dans des pronoms ou adjectifs possessifs de deuxième personne du singulier, plus fréquents. On remarque sinon une préférence pour des pronoms référentiels (« il », « ils », « elle ») plaçant une distance entre le souvenir et le poète. « La pluie sur le ravin » présente les mêmes caractéristiques : le « je » s'y affirme, mais c'est parfois un « je » double car il nomme l'enfant et le poète :

[…] *Je pourrais croire*
*Que je suis là, que je l'écoute. Mais son bruit*
*Ne s'accroît qu'en image. Mais sous mes pas*
*Le chemin n'est plus le chemin, rien que mon rêve*
*De la guêpe, des huppes, de la brume.* (p. 45)

Paradoxe du souvenir qui est morceau d'une vie réelle mais disparue, revivifiée sans être vivante de nouveau. Montaigne entame ses *Essais*, entre autres raisons, pour ranimer des souvenirs, revivre les moments du passé, égayer sa vieillesse au feu de sa jeunesse. Yves Bonnefoy va plus loin puisqu'il profite de cette évocation pour approfondir sa réflexion sur la mémoire et le langage.

### « La voix lointaine »

Le « je » disparaît tout à fait dans « À même rive », au profit de formes impersonnelles ou indéfinies, et revient dans « La voix loin-

1. « Être ou ne pas être, telle est la question », *Hamlet.* On retrouvera cette citation dans « La maison natale », concernant cette fois Cérès, p. 84 ; elle apparaissait déjà, transformée, *Dans Le Leurre du seuil*, p. 289, « nous sommes et ne sommes pas »

taine ». Qui est cette voix ? Celle d'« un enfant qui joue sur la route » et qui n'est sans doute que lui-même, ou celle qui l'appelle « du fond des âges », « marâtre, sans mémoire ni visage » (p. 57) ? Les souvenirs semblent défiler plus que jamais comme un film imprécis, sans construction ni schéma narratif, une succession d'images plus ou moins nettes : « Je ne savais rien d'elle sinon l'enfance » (p. 58). Pourtant, ici, les souvenirs ne reviennent pas sans une certaine tristesse, qu'elle soit produite par la conscience du temps qui passe, qu'elle ravive les « voix chères qui se sont tues », créatrices de douleur :

*Et la vie a passé, mais te garda*
*Vive mon illusion, de ces mains savantes*
*Qui trient parmi les souvenirs, qui en recousent*
*Presque invisiblement les déchirures.*

*Sauf : que faire de ce lambeau d'étoffe rouge ?*
*On le trouve dans sa mémoire quand on déplace*
*Les années, les images ; et, brusques, des larmes*
*Montent, et l'on se tait dans ses mots d'autrefois* (p. 60)

### *« La maison natale »*

La même souffrance réapparaît dans « La maison natale » au moment où Yves Bonnefoy évoque la figure paternelle :

*Mais impénétrable est la fraîcheur même, et cruel*
*Le souvenir des matins de l'enfance* (p. 90)

Du reste, la citation de Keats semble avoir un effet convergent : « sick for home, / she stood in tears amid the alien corn » (p. 93), qu'on peut traduire par : nostalgique, elle se tenait en larmes au milieu de blés étrangers. Cette nostalgie paraît profondément ancrée chez le poète :

*Or, de ces mots*
*Je n'avais pas à pénétrer le sens*
*Car il était en moi depuis l'enfance,*

*Je n'ai eu qu'à le reconnaître, et à l'aimer*
*Quand il est revenu du fond de ma vie* (p. 93)

Mais si le souvenir est douloureux, ce n'est pas en tant que tel mais parce qu'il rend vie au passé mort, et surtout aux figures disparues. Toutefois il est accompagné de cette voix poétique, « dansante » (p. 63), qui chante et rit, comparable à une Parque, mais une Parque souriante qui impose ses images et souligne l'inanité des mots. On remarquera, au passage, la récurrence d'un souvenir :

*L'eau qui déborde, avec l'odeur des feuilles,*
*Du broc posé sur les dalles sonores.* (p. 66)

déjà rencontré dans « La Pluie d'été » et qui paraît confirmer, par son goût du détail et sa précision sensuelle, la dimension autobiographique, d'autant plus que les différentes sections du recueil ont été écrites indépendamment.

Si « Le leurre des mots » développe une réflexion sur le langage, et spécialement le langage poétique, « La maison natale » semble annoncer dès son titre une relation avec le passé, l'enfance : « Je m'éveillai, c'était la maison natale [...] » (p. 83). On retrouve les objets de la vie quotidienne déjà entraperçus dans « La Pluie d'été » : « la véranda », « la table », « le buffet », « le couloir », « l'escalier » (p. 83), « quelque hangar » (p. 86), « ta salle de classe », « cette carte de géographie », les « pupitres » (p. 88), « le grenier d'au-dessus l'église défaite » et « l'odeur de la paille sèche », « de blé ou seigle » (p. 94), qui constituent peu à peu un décor. Pas un décor réaliste, toutefois, mais un ensemble de sensations, comme rêvées, comme celle de la mer si proche qu'elle entre pour ainsi dire dans la maison, ou le souvenir confus d'un voyage près de montagnes qui semblaient « venir à travers les vitres » (p. 89). Parfois, cependant, la mémoire est précise :

*(Dans la salle à manger*
*De l'après-midi d'un dimanche, c'est en été,*
*Les volets sont fermés contre la chaleur,*

*La table débarrassée, il a proposé*
*Les cartes* […]) (p. 91)

Le poète évoque ici plus qu'un simple décor, il reconstitue toute une scène, dans un lieu et à un moment donnés, mentionnant aussi les sentiments de l'instant conservés intacts par l'enfant qu'il a été : « puis il attend avec fièvre ».

Toujours revient dans cette section la maison natale, comme si la parole qui tente de s'en échapper ne pouvait qu'y revenir. Du reste, les mots paraissent s'imposer au poète :

([…]
*J'aurai barré*
*Cent fois ces mots partout, en vers, en prose,*
*Mais je ne puis*
*Faire qu'ils ne remontent dans ma parole.)* (p. 91)

Le poète n'a pas de travail, d'effort à fournir : les images sont en lui, comme le sens du vers de Keats qu'il n'a pas à traduire pour le comprendre. Il n'a qu'à le reconnaître. Toutefois, il serait erroné de réduire cette section à un carnet de souvenirs, dans la mesure où la maison apparaissait déjà dans un autre recueil, *Dans le leurre du seuil*, comme métaphore d'une unité à reconstruire, « cette maison qui fut comme un ravin » (*op. cit.*, p. 322)

### « Jeter des pierres »

Cette section présente des caractéristiques très proches : utilisation du « nous », évocation d'un décor quotidien, la route, la voiture — un cabriolet —, des collines et au loin, des montagnes. Faut-il y voir encore un effet de la mémoire en action ? Ou bien la signification symbolique déborde-t-elle déjà sur la simple lecture, par l'auteur, de ses propres souvenirs ? Le « je » a disparu et le jeu des enfants, qui consistait d'abord à jeter des pierres dans un bois en pleine nuit, se transforme en une sorte de châtiment : « Qu'elles étaient lourdes ainsi, plus hautes, plus grandes que tout au monde ! » (p. 125). L'enfant devient Sisyphe. Les mains sont « déchirées », « en sang » (p. 125). Quant au monde environnant, il semble en proie à des révolutions cosmiques : « [...] pendant ces grands remuements qui, nous n'osions pas trop le savoir, se faisaient aussi dans le ciel : montagnes, d'eau peut-être, qui s'effondraient, masses vaguement sphériques qui se heurtaient, se repoussaient, se cognaient à nouveau, et bourdonnaient ou tournaient à grands bruits d'abîmes puis se perdaient dans l'incréé, dans l'absence » (p. 124). Le poète traduit-il encore les impressions de l'enfance ? Non, du reste Yves Bonnefoy l'affirme clairement dans une lettre qu'il nous adresse : « "Jeter des pierres" n'a rien d'autobiographique en un sens étroit, étymologique, de ce mot ».

### *« Les planches courbes »*

Il est encore plus aléatoire de trouver des indices autobiographiques dans « Les planches courbes », qui s'apparentent également au conte et où disparaissent les éléments lyriques soulignés précédemment. Nous ne retrouvons plus le « je », ni les éléments relevés dans les autres sections concernant le décor, par exemple. Les éléments autobiographiques se perçoivent plutôt dans les relations qu'entretiennent les deux personnages, le passeur et l'enfant. Certes, « Les planches courbes » rappellent le conte de Gustave Flaubert, « La Légende de saint Julien l'Hospitalier », en particulier la scène finale, mais le poème n'est pas seulement un conte, il est aussi transposition autobiographique et, toujours, réflexion sur le langage. Flaubert écrit : « Souvent il fermait les yeux, tâchant, par la mémoire, de revenir dans sa jeunesse [...] » et son personnage, dans cet effort de mémoire, revoit les figures de ses parents disparus, comme le poète. Mais en même temps, Yves Bonnefoy précise, poursuivant la référence à Flaubert :

*C'est comme si les mots étaient un lépreux*
*Dont on entend de loin tinter la clochette.*

(« L'Encore aveugle », p. 117)

En réalité, le texte est pluriel puisque s'y conjuguent des résurgences du passé — proprement autobiographiques — et une analyse plus théorique du fonctionnement des mots.

En dehors des figures mythologiques qui traversent les diverses sections du recueil, deux images reviennent, avec un statut spécial, quant à la dimension autobiographique : il s'agit des parents. Jamais nommés autrement que par des substantifs très vagues, ils apparaissent réunis dans un poème, le huitième de « La maison natale » :

*Un homme et une femme se sont assis*
*Devant cette croisée, l'un face à l'autre,*
*Ils se parlent pour une fois.* [...] (p. 92)

Ces deux êtres se trouvent définis par la présence de l'enfant qui les regarde « du fond de ce jardin », et c'est ce qui permet de les unir sous l'expression « les parents ». Remarquons que chacun des protagonistes est identifié par rapport aux deux autres, formant un tout, une famille. Figures majeures cependant.

### La figure de la mère

Elle reste extrêmement discrète dans le recueil : pudeur ? Image trop intime pour être dite ? Yves Bonnefoy ne l'évoque directement qu'une fois :

*Qu'avais-je eu, en effet, à recueillir*
*De l'évasive présence maternelle*
*Sinon le sentiment de l'exil et des larmes*
*Qui troublaient ce regard cherchant à voir*
*Dans les choses d'ici le lieu perdu ?* (p. 93)

Faut-il comprendre que ce regard troublé est celui de la mère, comme nous y engage l'imparfait un peu figé ? Est-ce le poète qui ne trouve que larmes et sentiment d'être exilé d'un passé lumineux, lorsqu'il songe à sa mère ? Notons surtout l'adjectif qui caractérise cette présence : « évasive », à la fois diffuse et floue, plutôt sensation qu'image nette, permettant aussi l'évasion hors du monde réel dans le monde du rêve.

Même quand elle n'est pas citée, la mère apparait en filigrane, de loin, de manière presque anonyme : « Un homme et une femme se sont assis » (p. 92). Expression curieusement distante pour évoquer les parents, considérés comme des étrangers, dans l'essence de leur nature. L'éloignement, accentué par le complément « du fond de ce jardin », crée une autre distance. Père et mère redeviennent homme et femme, de même que le narrateur se regarde lui-même avec distance, « l'enfant ». Elle se caractérise par sa présence silencieuse :

*Je m'éveillais, et je me tourne encore*
*Vers celle qui rêva à côté de moi*
*Dans la maison perdue. À son silence*
*Soient dédiés, au soir,*
*Les mots qui semblent ne parler que d'autre chose* (p. 94)

Qui est-elle ? Qui est celle « qui rêva » ? Une femme d'un passé moins lointain, comme l'atteste la différence de temps ? Une sœur ? Ou une mère, « perdue » à l'instar de la maison, au décès du père ? Du moins faut-il qu'elle soit très importante pour que lui soient dédiés les vers du poète. Et l'on ne peut s'empêcher d'établir le lien avec le poème précédent, où Yves Bonnefoy évoquait son père :

*À ce passage-là, aperçu de loin,*
*Soient dédiés ces mots qui ne savent dire* (p. 90)

Les deux figures parentales semblent jointes par une formulation identique, d'autant que la construction syntaxique est rigoureusement la même : complément d'objet second au vers précédent, verbe au subjonctif qui apparaît comme une expression de la volonté en tête de phrase et rejet en fin de phrase, du sujet, « ces mots [...] », déterminé par une subordonnée soulignant une forme d'impuissance de la langue à traduire les réels sentiments du poète. La proximité des deux poèmes nous oblige à faire le lien entre les deux extraits, à réunir donc les deux

« personnages ». Si le père est clairement présenté comme tel, la mère est évoquée de manière beaucoup plus floue. Aussi pouvons-nous sans doute retrouver un peu de cette image dans celle de Cérès. En effet, si le poète l'évoque dès le premier texte de « La maison natale », elle semble bien se confondre avec le souvenir maternel dans le deuxième :

[...] *un visage*
*Se dégageait, riant, d'une douceur*
*De plus et autrement que ce qu'est le monde.*
*Et je touchais, hésitant, dans l'image,*
*Les mèches désordonnées de la déesse,*
*Je découvrais sous le voile de l'eau*
*Son front triste et distrait de petite fille* (p. 84)

Vision privilégiée à la fois pour le poète et pour l'enfant, si *présent* qu'il ne paraît pas être seulement symbolique mais bien plus. Gardons toutefois en mémoire que toute expression peut prendre, simultanément, un sens symbolique, comme en attestent ces vers du *Leurre du seuil :*

*Et n'est-ce toi là-bas, mère dont les yeux brillent,*
*Terre, qui les conduis* [...] (*op. cit.*, p. 304)

## La figure du père

Le père est une figure récurrente dans le recueil, en particulier dans deux des sections au programme, « La maison natale » et « Les planches courbes ». Il est nommé sous l'expression affectueuse « mon père » (p. 90). L'emploi du possessif est d'autant plus significatif que cette possession fut de courte durée puisque Yves Bonnefoy fut orphelin très jeune. Cela explique du reste que les quelques images qui restent au poète apparaissent comme d'autant plus précieuses, qu'il cherche à les retranscrire avec fidélité et force détails :

*(Dans la salle à manger*
*De l'après-midi d'un dimanche, c'est en été,*

*Les volets sont fermés contre la chaleur,*
*La table débarrassée* [...]) (p. 91)

Hormis cette scène, le père est associé au travail, qu'il s'agisse de jardinage ou de son métier mais l'enfant ne le voit pas en train de travailler : « Il avait déposé la pioche, la bêche » (p. 90), « Il repartait au travail » (p. 90), « Ils se parlent, pour une fois » (p. 92). L'impression qui se dégage de cette figure est une usure, une fatigue intense :

*L'homme vient de rentrer du travail. La fatigue*
*Qui a été le seul nimbe des gestes*
*Qu'il fut donné à son fils d'entrevoir*
*Le détache déjà de cette rive* (p. 92)

*Voûté comme il était déjà* (p. 90)

[...] *tant de fatigue*
*Alourdissant ses gestes d'autrefois* [...] (p. 90)

Il semble bien que le poète lise dans son attitude sa mort ou qu'il l'anticipe rétroactivement. Toujours est-il qu'il est marqué par cette mort proche :

([...]
*Après quoi deux voies se séparent, et l'une d'elles*
*Se perd, et presque tout de suite, et ce sera*
*Tout de même l'oubli, l'oubli avide* [...]) (p. 91)

Autre caractéristique : le mutisme du père. Lorsqu'il parle, c'est à la mère mais de loin et l'on n'entendra pas le son de sa voix. Faut-il y voir un signe supplémentaire de sa disparition précoce ou le résultat de l'absence ? Or, qu'est-ce qu'un père ?

« [...] *celui qui te prend sur ses genoux quand tu pleures, et qui s'assied près de toi le soir lorsque tu as peur de t'endormir, pour te raconter une histoire.* » (p. 102)

Cette définition ne correspond pas à l'image qu'Yves Bonnefoy nous donne de son propre père, qui n'a pu assumer ce rôle, faute de temps. « Souvent on n'a pas eu de père, c'est vrai » reconnaît le géant, car avoir un père ce n'est pas seulement avoir un géniteur, c'est une fonction à long terme. **L'œuvre apparaît alors comme une recherche de paternité**, à l'image de l'enfant des « Planches courbes ». Le père donne des réponses, le géant en est incapable. Lui qui semblait si puissant, lui qui tenait d'une main son jeune passager sur ses épaules et plantait sa perche dans l'eau du fleuve, le voilà qui paraît submergé par la demande de l'enfant, qui doit lutter contre les éléments et qui réclame le silence car les mots deviennent impossibles. Le géant est-il une autre figure du père ? Est-il le nautonier « noir », « à la poupe », « plus grand que le monde » (p. 74), laissant l'enfant se lover contre les planches courbes à la proue, et que l'on retrouve dans nos trois sections mais dont parlait déjà l'auteur dans « Le Leurre du seuil » :

*Et tu sais mieux, déjà, que tu rêvais*
*Qu'une barque chargée de terre noire*
*S'écartait d'une rive. Le nautonier*
*Pesait de tout son corps contre la perche*
*Qui avait pris appui, tu ignorais*
*Où, dans les boues sans nom du fond du fleuve*

[...]

*Et d'où ce souvenir qui serre le cœur*
*De la barque d'un autre été au ras des herbes ?*

[...]

*Aujourd'hui le passeur*
*N'a d'autre rive que bruyante, noire* (*op. cit.*, pp. 254-255)

L'image obsédante de la barque, souvenir de l'enfance, semble donc liée à celle du père. S'il est bien le passeur, sans doute faut-il ajouter au sens symbolique du passage — de la jeunesse à l'âge adulte, de la vie à la mort — un sens autobiographique.

## Le thème du « passage »

Le thème du « passage » traverse *Les planches courbes* ; il est pour ainsi dire fondateur de l'œuvre, au sens large comme au sens étroit. En effet, il apparaît dès le premier recueil, *Du Mouvement et de l'immobilité de Douve*, à travers le mythe d'Orphée[1]. On retrouve déjà des termes qui deviendront récurrents : la barque, le nautonier (p. 65), les passagers (p. 61). Une image revient, celle de la salamandre, illustrant aussi le passage de la terre à l'eau puisque l'animal est amphibie. Dans *Pierre écrite*, le poète reprend l'image : les morts « vaguent » sur la mer (p. 186). Quant au *Leurre du seuil*, il évoque ce thème, repris largement dans les poèmes. Il intitule toute une section « Deux barques ». Le recueil a pour figure centrale celle du passeur. C'est en quelque sorte le double du poète, un double agissant, sa moitié mortelle, celle qui expérimente :

*Le nautonier*
*Qui touche de sa perche, méditante,*
*À ton épaule*
*Et toi, déjà celui que la nuit recouvre*
*Quand ta perche recherche mais vainement*
*Le fond du fleuve.* (p. 270)

Du reste, les allusions constantes à l'Égypte ou au Styx, à Charon ou Orphée, renvoient clairement le lecteur à la mythologie.

Dans *L'Arrière-pays*, Yves Bonnefoy fait allusion à ses voyages, notamment en Italie et en Grèce. Au milieu du livre, il relate la rencontre d'un historien qui a lu l'un de ses articles concernant « le sentiment inconnu » se dégageant d'un lieu et des gens qui, à l'origine, l'ont habité. Cet historien a cherché à le rencontrer car il

---

1. Cf. *Les Métamorphoses* d'Ovide, par C. Durvye, collection « Réseau Diagonales », Ellipses, 2005.

avait eu la même idée. Yves Bonnefoy en vient à cette époque à la conclusion que « la terre *est* », « que le mot *présence* a un sens » (p. 149). Il ajoute : « J'avais, en bref, décidé de la troisième épigraphe*, celle que je plaçais trois années plus tard au seuil d'un nouveau poème, sur ce qui meurt, ce qui naît, et le **passage** de l'un à l'autre ». Il semble donc que c'est de cette époque que remonte la réflexion sur le « passage » dans son œuvre. C'est alors qu'il découvre la peinture de la Renaissance italienne. Or « le baroque aime, transsubstantie, ce qui est limité, **ce qui passe** [...] » (p. 150) Dans cette dernière expression, le verbe « passer » peut aussi bien être compris au sens de « passage » que dans un sens légèrement différent : « le temps qui passe ». L'un ne va d'ailleurs pas sans l'autre, selon le poète. Toujours dans ce livre, il fait allusion à ce qu'il nomme « le **temps vrai** ». Obsédé par une phrase ébauchée : « *À moi l'Égypte, à mon secours le fleuve* », et voyant plus tard les grands tableaux de Poussin, il pense : « Peut-être [...] ce mécanisme marque-t-il, par le vouloir de son horloger, le temps vrai, celui que nous n'osons concevoir [...]. » (p. 89)

### *Sources mythologiques*

Ce thème est hautement représenté dans la plupart des mythologies, symbole du passage de la vie à la mort. **Chez les Grecs**, les morts doivent traverser le fleuve des enfers et les marais de l'Achéron, aidés par le passeur Charon. En guise de paiement, ils lui versent une obole. Seuls quelques héros ont la « chance » de descendre aux enfers, et donc de traverser le fameux fleuve, sans mourir pour autant. Il s'agit d'Ulysse, par exemple, d'Hercule ou d'Orphée, le seul à échouer dans sa mission vu qu'il ne parvient pas à extraire Eurydice, son épouse, du royaume d'Hadès. Le Styx est le fleuve frontière entre le monde des vivants et celui des esprits.

**Chez les Égyptiens**, l'eau a le même pouvoir magique. Qu'on se souvienne de la barque des morts, présente sous forme de motif peint dans les tombes, qui permet aux mortels de se présenter devant Anubis. Elle représente aussi le voyage dans l'au-delà.

**Dans le monde celtique**, c'est un bateau qui facilite l'accès au royaume de la Mort, le Sidh, île des Bienheureux, île d'Avalon, île des femmes selon la légende. Tristan ne doit-il pas chercher en Irlande celle qu'il aimera et n'est-ce pas à bord que les amants boivent le philtre, élément pour le moins magique ? Pourquoi ce passage par l'eau a-t-il donc une telle signification ? Souvenir inconscient du liquide fœtal, inhérent à la vie et associé par voie de conséquence à la mort ? Conscience aiguë du danger que représente l'élément liquide pour l'homme, animal terrestre ? La culture chrétienne a naturellement récupéré cette notion. Le Christ, selon la Bible, n'a-t-il pas marché sur l'eau, dominant la mort en quelque sorte et annonçant ainsi son caractère divin ? À sa suite, les légendes ne manquent pas pour raconter comment nombre de saints ont traversé la Manche à bord d'une pierre tombale en guise de barque pour évangéliser les peuples.

## *Source littéraire :* La légende de saint Julien L'Hospitalier

L'une des plus célèbres, en littérature, est celle de saint Julien l'Hospitalier, racontée par un vitrail narratif du XIII^e^ siècle, composé de vingt-huit scènes carrées, qui se situe dans le déambulatoire nord du chœur de la cathédrale Notre-Dame de Rouen. Julien, au terme d'une vie de péché, décide d'être un passeur, il aide les gens à traverser un fleuve en un lieu dangereux. C'est une réalité de l'époque : les ponts ne sont guère nombreux dans la France médiévale et les passages à gué peuvent se révéler périlleux. Une nuit, il entend une voix l'appeler :

> *Ayant allumé sa lanterne, il sortit de la cahute. Un ouragan furieux emplissait la nuit. Les ténèbres étaient profondes, et çà et là déchirées par la blancheur des vagues qui bondissaient.*
>
> *Après une minute d'hésitation, Julien dénoua l'amarre. L'eau, tout de suite, devint tranquille, la barque glissa dessus et toucha l'autre berge, où un homme attendait.*

Il s'agit d'un lépreux. Il accepte de le prendre à bord pour le faire traverser.

> *Dès qu'il entra dans la barque, elle enfonça prodigieusement, écrasée par son poids ; une secousse la remonta ; et Julien se mit à ramer.*
>
> *À chaque coup d'aviron, le ressac des flots la soulevait par l'avant. L'eau, plus noire que de l'encre, courait avec furie des deux côtés du bordage. Elle creusait des abîmes, elle faisait des montagnes, et la chaloupe sautait dessus, puis redescendait dans des profondeurs où elle tournoyait, ballottée par le vent.*

Julien ramène le mourant dans sa cahute, le nourrit et lui offre son lit. Comme il grelotte, Julien s'allonge sur lui, nu, pour le réchauffer.

> [...] *celui dont les bras le serraient toujours grandissait, grandissait, touchant de sa tête et de ses pieds les deux murs de la cabane. Le toit s'envola, le firmament se déployait ; — et Julien monta vers les espaces bleus, face à face avec Notre-Seigneur Jésus, qui l'emportait dans le ciel.*

Comme on le constate, le récit de Flaubert est nettement ancré dans une double tradition chrétienne, celle de l'hagiographie* d'une part — avec son merveilleux —, et celle du rachat du pécheur, d'autre part. Si Julien n'avait pas été un chasseur cruel, un époux jaloux, le meurtrier accidentel de ses parents et un guerrier insatiable, il n'aurait pu arriver à ce stade du dégoût de toute violence et, surtout, de soi-même qui le conduit à accepter le sacrifice de sa vie en secourant le lépreux. Il a trop conscience que toute vie vaut mieux que la sienne pour éviter le contact physique, et peut-être mortel, avec le malade. Le passage du fleuve est considéré par le personnage comme un service rendu à l'Homme, au péril de sa vie, avec l'acceptation, même, des insultes éventuelles de ceux qu'il fait traverser, comme autant de punitions infligées à soi par soi-même en guise de mortification. C'est l'ultime étape qui ponctue le chemin du salut.

## *Le « passage » dans* Les planches courbes

Qu'en est-il dans *Les planches courbes* ? En fait, dès le titre, nous pouvons réaliser que ce thème est fondamental, puisque celui-ci évoque la barque. Les planches incurvées sont en effet celles qui permettent de former l'arrondi de la coque. L'auteur s'en explique par trois fois, tout au long du recueil :

> *Les planches de l'avant de la barque, courbées*
> *Pour donner forme à l'esprit sous le poids*
> *De l'inconnu, de l'impensable, se desserrent* (p. 76),

> *Je suis couché au plus creux d'une barque,*
> *Le front, les yeux contre ses planches courbes* (p. 87),

> *Ce qu'il faut voir, c'est que la barque semble fléchir de plus en plus sous le poids de l'homme et de l'enfant, qui s'accroît à chaque seconde. Le passeur peine à la pousser en avant, l'eau arrive à hauteur du bord, elle le franchit, elle emplit la coque de ses courants, elle atteint le haut de ces grandes jambes qui sentent se dérober tout appui dans les planches courbes* (p. 104)

Le « passage » implique une **ouverture** vers le dehors. Le locuteur doit échapper à ses rêves ; l'expérience du passage lui permet de reconnaître et d'accepter son propre néant. Pour passer vers une nouvelle terre, un nouveau pays, une nouvelle rive, un « *vrai lieu* », il n'est pas besoin de l'imaginaire mais d'une simple réalité. Son trajet est celui de l'intuition, de la vie et de la pensée. Il se forme au gré des relations avec les êtres et les choses. **Passer, c'est avant tout passer dans un monde authentique**. Cela suppose de ne pas se détourner. Or le langage véhicule des concepts qui nous détournent de la vérité des choses et de leur présence réelle au monde. Il s'agit donc de passer en quelque sorte dans un monde que les mots ne « découpent » plus, comme l'explique Yves Bonnefoy dans un récent article de la revue *La Tribune internationale des Langues vivantes* (n° 37-38, mai 2005, éd. La Tilv-Anagrammes) : « Qu'est-ce qui peut valoir, dans la vie, se demande celui qui trouve sens à la poésie ? Et sa réponse, c'est que ce serait de ne faire qu'un avec un univers non morcelé en représentations multiples comme le nôtre [...]. La finitude, que nous vivons comme un manque, apparaîtrait une plénitude » (p. 70). Ce qui *passe* entre le locuteur et le monde, c'est encore une sympathie. Le sujet en se dépossédant de son corps, de manière métaphorique, apprend qu'il n'est *rien* mais que, du coup, le monde autour est *tout*. Il fait corps maintenant avec le sensible, pose l'oreille au fond de la barque pour écouter le fleuve, symbole du réel et de la possible « présence » :

*Je suis couché au plus creux d'une barque,*
*Le front, les yeux contre ses planches courbes*
*Où j'écoute cogner le bas du fleuve.* (p. 87)

La barque voguant sur le fleuve le pousse à se diriger vers la rive étrangère, ou même l'estuaire, image de l'évasement, de l'élargissement.

*Et tout d'un coup cette proue se soulève,*
*J'imagine que là, déjà, c'est l'estuaire,*
*Mais je garde mes yeux contre le bois*
*Qui a odeur de goudron et de colle* (p. 87)

**La poésie d'Yves Bonnefoy se situe souvent dans un entre deux mondes**, selon Jean Starobinski (d'où aussi l'image fréquente du carrefour). Par là même, son espace est le « seuil », au sens large du terme, la « frontière », et son expérience essentielle est celle du passage. Pour ne pas se laisser aller au désespoir, pour atteindre au lieu habitable, au nouveau rivage, il suffit de réitérer la quête, l'errance, le voyage. Ces expériences peuvent néanmoins s'avérer dangereuses, comme l'illustre le poème « Les planches courbes ». Le risque, pour le poète ou le lecteur de poésie, est en effet de se dissoudre :

*L'esquif ne coule pas, cependant, c'est plutôt comme s'il se dissipait, dans la nuit, et l'homme nage, maintenant, le petit garçon toujours agrippé à son cou.* (p. 104)

Parfois, nous pouvons faire fausse route, croire atteindre la « terre seconde », le « vrai lieu » alors que le langage, véhiculant ses concepts, s'est avéré un leurre. Dans ce cas, ce sont *les mots* qui nous trompent.

*Nous sommes des navires lourds de nous-mêmes,*
*Débordants de choses fermées, nous regardons*
*À la proue de notre périple toute une eau noire*
*S'ouvrir presque et se refuser, à jamais sans rive.* (p. 72)

Ou bien :

*Aller, par au-delà presque le langage,*
*Avec rien qu'un peu de lumière, est-ce possible*
*Ou n'est-ce pas que l'illusoire encore,*
*Dont nous redessinons sous d'autres traits*
*Mais irisés du même éclat trompeur*
*La forme dans les ombres qui se resserrent ?* (p. 73)

## Les personnages « mythologiques » des *Planches courbes*

Le recueil d'Yves Bonnefoy ne contient aucun nom ou prénom familiers et peu de références culturelles. Aussi faut-il prêter à celles-ci une attention particulière. Le texte est ponctué de quelques allusions, notamment mythologiques. Yves Bonnefoy cite **Marsyas** (p. 19) qui dut affronter Apollon dans un duel musical et perdit la vie mais symbolise la musique, « **la Parque** » (p. 67) évoquant les trois sœurs qui filaient et coupaient le fil de la vie humaine, **Isis** (p. 88) déesse égyptienne réduite dans le poème à une statuette de plâtre, **Vénus** (p. 72) déesse romaine qui désigne ici la planète, et surtout **Armide** (p. 77), **Cérès** (pp. 21,85, 97 et 98) et **Ulysse** (p. 71). Ces trois derniers méritent qu'on s'y attarde car leur évocation va bien plus loin qu'une simple citation.

## Armide

« Armide » (p. 77) est un personnage de *La Jérusalem délivrée* du Tasse (Torquato Tasso, dit Le Tasse, poète italien du XVI$^{e}$). Le poème épique raconte la conquête de la ville sainte par les Croisés, conduits par Godefroy de Bouillon. L'ennemi sarrasin est dirigé par Aladin, aidé par Satan et ses démons. Armide, nièce du roi Hidraot de Damas, est magicienne : elle retient dix guerriers chrétiens ensorcelés dans le jardin de son palais magique, sur les Îles Fortunées. Le chevalier Renaud tombe également sous son charme mais il est délivré lorsqu'il voit le bouclier de diamant que lui présente Ubalde, chevalier croisé. Ils quittent le palais qu'Armide fait alors détruire par les démons, de colère. Ce thème est à l'origine d'une tragédie de Quinault (XVII$^{e}$), d'un opéra de Lully (*Armide et Renaud*, 1686), d'un autre de Gluck (*Armide*, 1777).

Comme on peut le constater, elle nous renvoie indirectement à la mythologie, par le registre épique du Tasse qui n'est pas sans rappeler celui d'Homère, dans l'*Iliade* ou l'*Odyssée*, ou celui de Virgile, dans *L'Énéide*. Toujours est-il qu'Armide, dans « Le leurre des mots », illustre celle qui trompe et ensorcelle, emprisonnant ceux qui ont été séduits :

*Je pourrais m'écrier que partout sur terre*
*Injustice et malheur ravagent le sens*
*Que l'esprit a rêvé de donner au monde,*
*En somme, me souvenir de ce qui est,*
*N'être que la lucidité qui désespère*
*Et, bien que soit retorse*
*Aux branches du jardin d'Armide la chimère*
*Qui leurre autant la raison que le rêve,*
*Abandonner les mots à qui rature,*
*Prose, par évidence de la matière,*
*L'offre de la beauté dans la vérité,*

*Mais il me semble aussi que n'est réelle*
*Que la voix qui espère, serait-elle*
*Inconsciente des lois qui la dénient.* (p. 77)

On remarquera que, par le jeu du contre-rejet de « la chimère », ce substantif se trouve accolé au nom propre désignant ainsi à la fois la magicienne et l'aspect trompeur du langage. Sous des atours attirants, Armide retient le chevalier comme les mots peuvent emprisonner le poète dans un monde faux, esthétique mais irréel. Malgré ce leurre des mots, qui ne permettent jamais de dire tout à fait ce qu'on voudrait, malgré ce monde très imparfait, le créateur veut faire entendre sa voix, une voix apaisante, « qui espère ».

## Cérès

Cérès est le nom romain de Déméter, déesse de la terre cultivée, du blé, de la fécondité. Elle est la fille de Rhéa et de Cronos, sœur de Zeus avec lequel elle eut une fille unique : Perséphone, que son oncle Hadès enleva pour l'épouser. La mère chercha partout sa fille neuf jours durant. Pour manifester sa colère, elle décida de vivre comme une mortelle et devint nourrice. Alors la terre ne produisit plus de fruits. Il fallait lui rendre son enfant mais Hadès avait fait manger à sa fiancée un grain de grenade, ce qui la liait aux Enfers. Alors on parvint à un accord : Déméter reprenait son rôle de déesse et sa fille passerait la moitié de l'année, le printemps et l'été, à ses côtés, puis elle retournerait passer six mois aux enfers avec son époux. Ce mythe expliquait l'alternance des saisons. Yves Bonnefoy propose une autre interprétation dans *Le Nuage rouge*, dans la section consacrée à « Elsheimer et les siens » ; pour lui, le mythe est

*aussi la conscience prise de la précarité du sacré : le Dieu des morts étant l'avare et le riche, celui par l'effet duquel toute présence se dégrade en bien que l'on thésaurise, et tout symbole se fait « confuse parole », toute approche de l'UN se perd. Cérès est l'être, que l'esprit de possession vient éteindre dans chaque vie qu'éclairait le sens. Proserpine est la vie qui pourrait être présence, participation à un sens, à l'être donc, et que voici aliénée de soi* [...] (collection « Folio-essais », p. 32)

Cérès est pour lui un être divin mais aux caractéristiques très humaines, qui a perdu ses repères, en quête d'un objet perdu. **Son nom est le nom propre le plus cité dans le recueil** puisque nous en trouvons cinq occurrences. Elle apparaît d'abord, dans le poème III des « Chemins » (cf. « La pluie d'été »), « suante, empoussiérée », se montre tendue, inquiète, recherchant son enfant et frappant « à des portes closes » (p. 21). Même vision dans le poème XII de « La maison natale » :

*Je comprends maintenant que ce fût Cérès*
*Qui me parut, de nuit, chercher refuge*
*Quand on frappait à la porte, et dehors,*
*C'était d'un coup sa beauté, sa lumière*
*Et son désir aussi, son besoin de boire*
*Avidement au bol de l'espérance*
*Parce qu'était perdu mais retrouvable*
*Peut-être, cet enfant qu'elle n'avait su,*
*Elle pourtant divine et riche de soi,*
*Soulever dans la flamme des jeunes blés*
*Pour qu'il ait rire, dans l'évidence qui fait vivre,*
*Avant la convoitise du dieu des morts.* (p. 97)

On reconnaît la figure de Cérès grâce au verbe récurrent « boire » associé à l'adverbe « avidement », et à l'expression « frapper à la porte ». Chaque fois, Cérès donne l'image d'un être en manque, mendiant, et beau toutefois, lumineux, symbole de vie. Elle est celle qui se renouvelle sans cesse, l'exemple qu'il faudrait pouvoir suivre pour que « vieillir, ce soit renaître » (p. 97) à la manière d'un Phénix. **Cérès symbolise donc la quête sans fin d'un bonheur perdu mais pas disparu définitivement**, vecteur d'un espoir sans cesse déçu mais d'un espoir tout de même. Et cette figure n'inspire que de la pitié au poète, elle qui « cherche et souffre », symbole de l'humanité et du poète qui lance ces « cris d'appels au travers des mots » (p. 98).

En fait, Bonnefoy se réfère à un tableau d'Adam Elsheimer, la *Dérision de Cérès*, peint vers 1600. Il représente Cérès buvant à une cruche, sous le regard moqueur d'un enfant. Le peintre reprend là un épisode rapporté par Ovide dans ses *Métamorphoses :* Cérès, alors qu'elle recherche avec angoisse sa fille, s'arrête devant une humble maison ; elle réclame à boire mais un enfant, la *Dérision*, se moque de cette soif très humaine et la déesse le change en lézard. Yves Bonnefoy songe à ce tableau lorsqu'il écrit :

*L'un, derrière, une vieille femme, courbe, mauvaise,*
*L'autre debout dehors comme une lampe,*
*Belle, tenant la coupe qu'on lui offrait,*
*Buvant avidement de toute sa soif.*
*Ai-je voulu me moquer, certes non,*
*Plutôt ai-je poussé un cri d'amour*
*Mais avec la bizarrerie du désespoir,*
*Et le poison fut partout dans mes membres,*
*Cérès moquée brisa qui l'avait aimée.*
*Ainsi parle aujourd'hui la vie murée dans la vie.* (p. 85)

En effet, le poète se met à la place de l'enfant métamorphosé et transforme le mythe. **La dérision d'origine est devenue de l'amour**. Il évoquait déjà ce sentiment dans son analyse du tableau :

*Observons maintenant que ce dont l'enfant se moque, c'est d'un geste d'avidité qui aurait pu être le sien quand il buvait au sein maternel, auquel ressemble beaucoup ce vase pressé entre les deux mains divines. Peut-être sa raillerie signifie-t-elle surtout sa frustration, et le réveil d'une faim qui chez le tout-petit, chez l'infans, était bien peu discernable encore d'une adhésion éperdue à une présence — d'un amour* (*op. cit.*, p. 241)

Yves Bonnefoy souligne également que l'œuvre picturale semble le récit d'un rêve, aux sens multiples, ce qui n'est pas sans incidence pour notre lecture de « La maison natale » dont on pourra remarquer, par ailleurs, le caractère onirique par endroits.

Du coup, comme en un rêve, les personnages sont parfois diffus, anonymes parce qu'impossibles à reconnaître tout à fait. Est-ce encore Cérès qu'évoque le poète quand il fait allusion à « la déesse » (p. 84), à ses « mèches désordonnées », à « son front triste et distrait » ? Sans doute, si l'on songe au poème « La Justice nocturne » extrait de *La Vie errante*, où le poète fait allusion au tableau d'Adam Elsheimer et, simultanément, évoque une image féminine qui rappelle étrangement les vers de « La maison natale » :

> *Je suis maintenant tout près d'elle. Elle a tourné vers moi son petit visage enfantin, elle rit sous ses cheveux en désordre.* (p. 72)

### Ulysse

Ulysse est certainement l'un des personnages les plus célèbres de la mythologie. Ses légendes ont été très exploitées.

Il a pour nom grec Odysseus. Prince d'Ithaque, il voyagea en Grèce durant son adolescence, comme déjà marqué par le thème du voyage. Puis, il s'engagea dans la guerre de Troie où il s'illustra par la ruse du cheval. La guerre achevée, Ulysse décida de rentrer avec Agamemnon mais une tempête sépara leurs navires. À partir de là commença une série d'aventures qui constituent l'*Odyssée :* escale chez les Cicones, chez les Lotophages, dans la grotte de Polyphème le cyclope, puis dans l'île d'Éole, maître des vents, chez les Lestrygons, peuple anthropophage, à Aea, île de la magicienne Circé, aux Enfers pour consulter le devin Tirésias, échappant aux Roches Errantes, à Charybde et Scylla, s'arrêtant dans l'île de Thrinacie, chez Calypso, chez le bon roi Alcinoos avant de rentrer à Ithaque. Là encore devait-il lutter contre des prétendants à son propre trône.

Chez Homère, **Ulysse est l'image de l'homme luttant avec ses armes proprement humaines, notamment l'intelligence, contre la cruauté et la violence divines**. Poséidon le poursuit de sa haine et Ulysse n'est guère plus qu'un jouet dans ses mains, mais un jouet conscient, lucide et tenace, qui parvient à vaincre tous les obstacles mis sur sa route. Chez Dante, dans le chapitre XXVI de *La Divine Comédie* (section intitulée « L'Enfer »), il prend une valeur symbolique, devient celui qu'attirent irrésistiblement la soif de découvrir le monde, la gloire et les connaissances que les autres ne possèdent pas. Il sera puni par Dieu alors même que lui et ses compagnons venaient de trouver une nouvelle terre (le paradis ?).

Au XXe siècle, chez Primo Levi[1], Ulysse apparaît comme une figure de proue, l'homme qui résista à la volonté de plus puissant que lui, et fut puni par un dieu injuste qui lui refusait d'atteindre son rêve.

Dans le recueil, Ulysse est omniprésent à travers un vocabulaire marin récurrent. Le Grec est surpris d'abord dans une « île où faisait halte son errance » (p. 71). Il rêve du chant du rossignol. Image sereine de la quête, cette fois, puisque le poète nous propose d'

*Aller confiants, nous perdre, nous reconnaître*
*À travers la beauté des souvenirs*
*Et le mensonge des souvenirs, à travers l'affre*
*De quelques-uns, mais aussi le bonheur*
*D'autres* [...] (p. 73)

Le périple s'effectue dans le passé, entre une terre lumineuse et belle et

[...] *la masse d'eau qui de nuit en nuit*
*Dévale avec grand bruit dans notre avenir* (p. 73)

Faut-il y voir une métaphore de la mort comme but inexorable ? Le voyageur doit alors parvenir à une unité en lui pour atteindre la quiétude avant que ne vienne le silence. Ulysse, comme le poète, va d'île en île, comme de souvenir en souvenir, tentant de se connaître, de se comprendre et de s'unifier. Le

---

1. Cf. Étude de *Si c'est un homme* de Primo Levi par Daniela Amsallem, collection « Résonances », Ellipses, 2001.

poème est alors le navire — ou la barque ? — qui permet d'atteindre

*Devant eux, à la fin du long voyage,*
*La terre dans l'écume* […] (p. 80),

une barque

[…] *où des ombres*
*Se groupent à l'avant* […] (p. 80),

fantômes du passé qui guident peut-être le marin-poète. Comme Cérès, il symbolise le thème de l'errance mais il donne aussi une image du poète qui tente d'aller plus loin, « par au-delà presque le langage » (p. 73), vers dont la déconstruction n'est pas innocente.

## Les couleurs

### *Importance de la couleur*

Les couleurs traversent presque tout le recueil d'Yves Bonnefoy mais avant tout c'est le mot même « couleur » qui s'impose. On en dénombre huit occurrences réparties dans trois sections : « Pluie d'été » (4), « La maison natale » (2), « L'encore aveugle » (2). Dans trois cas, **la couleur sert à installer une antithèse** :

*Nos ombres devant nous, sur le chemin,*
*Avaient couleur* […] (p. 23),

*L'un à l'autre ce qu'est*
*La couleur à l'ombre* […] (p. 27)

**Couleur est synonyme de lumière**, terme antithétique d'ombre, comme le souligne encore cet exemple :

*Et la surface de l'eau n'est que lumière,*
*Mais au-dessous ? Troncs d'arbres sans couleur* […] (p. 47)

Nous retrouvons une thématique très répandue, à laquelle se raccrochent les substantifs « clarté » (et l'adjectif « clair »), « brillance ». L'absence de lumière ou de couleur signifie donc l'ombre, non pas la noirceur mais le terne. Dans deux autres cas, la couleur illustre la vue et se voit associée aux autres sens dans un système de correspondances : « Odeurs, couleurs, saveurs » (p. 37), « le bruit de la couleur » (p. 86). Enfin, à deux reprises apparaît une expression identique :

[...]
*Et je vois des nageurs qui, dans la nuit,*
*Se portent vers le navire, soutenant*
*D'une main au-dessus de l'eau agitée,*
*Des lampes, aux longues banderoles de couleur* (p. 96)

*Et ils vont sous les arbres,*
*Ils agitent des banderoles de couleur* (p. 112)

Elle semble une manifestation de la vie dans la mesure où elle est associée au mouvement, à la quête de survie, qu'elle soit physique, puisque les nageurs tentent de regagner le navire qui peut les sauver, ou spirituelle, quand il s'agit d'éloigner un dieu à visage d'ogre destructeur.

On soulignera la présence de termes proches par l'étymologie, « recolorerait » (p. 53), « recolore » (p. 57), ou « irisés » (p. 73). Au-delà, ce sont les couleurs elles-mêmes qui s'expriment.

## Un recueil contrasté

Relire le recueil à la recherche des couleurs permet de faire quelques observations intéressantes. Tout d'abord le recueil est contrasté. C'est la nuit qui est citée plus souvent que le jour. Logiquement, le noir est récurrent. Il qualifie tour à tour l'herbe (p. 35), l'eau (p. 72), un personnage, le nautonier (p. 74), le sol (p. 86), un navire (p. 96), la masse de l'horizon, constituée de deux lignes de montagnes (p. 121). Substantivé, il désigne une certaine couleur de pierre — partant du principe qu'il existe plusieurs noirs :

[...] *une autre sorte de noir, plus épais encore, que celui de la nuit qui régnait désormais sans fin concevable sur le monde* (p. 123)

Le terme est clairement associé aux ténèbres, avec sa charge négative. Toujours dans « Jeter des pierres », on lit « dans le noir ». De nouveau, l'adjectif remplace le mot « nuit ». Mais simultanément, le recueil explose, en d'autres lieux, de couleurs claires ou vives. Le blanc — qui en soit n'est pas une couleur — se fait assez rare, avec seulement une occurrence, où il qualifie la page, au sens de « vide », dans une métaphore qui se construit pas à pas dans toute une strophe :

*Les livres, ce qu'il déchira,*
*La page dévastée, mais la lumière*
*Sur la page, l'accroissement de la lumière,*
*Il comprit qu'il redevenait la page blanche* (p. 39)

Le blanc rejoint l'idée de lumière, le jour, le commencement de tout, au-delà des mots, l'absence aussi :

*Ce dessaisissement des montagnes, des fleuves,*
*Par la blancheur qui transit le langage,*
*Vois, ce fut ton seul livre* (p. 88)

Ou la fin de tout :

([...]
*Et en avant ce serait bien la mort,*
*Mais de cette couleur laiteuse du bout des plages*
*Le soir, quand les enfants*
*Ont pied, loin, et rient dans l'eau calme et jouent encore.)* (p. 95)

Entre le noir et le blanc, le gris de l'olive (p. 25), manifestation de la vie qui s'accroche, le gris des ossements (p. 29), métaphore des mots morts et déchiquetés par les oiseaux, le gris des pierres (p. 125), dernière forme de clarté dans l'obscurité. Et s'opposant à ces tons ternes, l'or, essentiellement présent dans la première section puisqu'on en décompte huit emplois dans « Pluie d'été » : or de la figue (p. 12), du ciel, du feu de cheminée provenant des brindilles ramassées (p. 16), or des chemins devenant poussière

(p. 22), « L'or du fruit mûr à l'or / De la feuille sèche » (p. 27), or des ramures (p. 40). On le voit, l'or est étroitement lié à la nature, riche et chaude, à l'été dans le sud de la France, connotant encore les vacances. Mais il est symbolique aussi, dans une image complexe qui mêle le soleil, la chevelure et les noms inscrits sur la pierre (p. 41). Enfin, il est le but en soi du poète, comme des alchimistes :

*L'or que nous demandons, du fond de nos voix,*
*À la transmutation des métaux du rêve* (p. 71)

Notons, du reste, que l'allusion à l'alchimie apparaissait dès le premier emploi du mot, l'or recherché par la pierre philosophale se trouvait dans le ciel et les branches des arbres, façon de dire combien la vraie richesse se trouve dans la nature et le bonheur dans la contemplation de celle-ci.

Au-delà viennent les trois seules vraies couleurs de base pour un peintre, les couleurs primaires : bleu, jaune, rouge. Or, Yves Bonnefoy a écrit de nombreux essais sur l'art. Bien qu'il soit mis en valeur par un rejet externe, le jaune n'intervient qu'une fois :

*Vois, c'est l'arbre, vois, là, c'est le chien qui jappe,*
*Et cette carte de géographie, sur la paroi*
*Jaune, ce décolorement des noms et des formes* [...] (p. 88)

La couleur semble lumineuse, alors que le souvenir est déjà lointain, souvenir d'une salle de classe et des menus objets qui l'habitaient. Le bleu revient quatre fois, y compris le verbe dérivé « bleuir » dans un vers très descriptif où il a pour sujet « les montagnes » (p. 78). Il qualifie de manière traditionnelle un lainage (p. 89), un chardon (p. 96) ou le ciel (109). Mais chez Yves Bonnefoy, à l'instar des peintres modernes, le ciel est rarement bleu !

## *La couleur du souvenir*

Il semble que ce soit bien la place du rouge, une place privilégiée. Certes, dans « Rouler plus vite », c'est la couleur de l'aurore, avec ses nuances :

*Et voici qu'une rougeur y parut* [...]. *La rougeur s'accrut* [...], *et le ciel autour d'eux en était déjà presque rose* [...] *il y avait de ce rose sur leur visage* (pp. 121-122)

Travail très pictural de l'artiste qui s'applique à étudier la palette infiniment variée du monde, minute par minute. Certes, c'est la couleur de la grappe de raisin mûr qui apparaît ici comme une promesse de plaisir :

*Il se dresse et, heureux*
*De tant de lumière,*
*Tend sa main pour saisir*
*La grappe rouge.* (p. 52)

Surtout, la grappe est métaphore de la beauté liée chez Yves Bonnefoy à la vérité — comme chez Aristote qui avait associé beauté et bonté en une expression figée. Mais cette vérité n'est pas abstraite, elle est accessible. La grappe est aussi métaphore du fruit de la terre, dont le sang, la vie est le vin :

*La grappe des montagnes, des choses proches,*
*A mûri, elle est presque le vin, la terre*
*Est le sein nu où notre vie repose.* (p. 71)

Mais, lorsqu'on aborde cette image, on ne peut faire l'économie d'un détour par un autre recueil, *La Vie errante*, et plus particulièrement sa section intitulée « Les raisins de Zeuxis ». Il y évoque un tableau du peintre antique grec (V^e^ siècle av. J.-C.) :

*Un sac de toile mouillée dans le caniveau, c'est le tableau de Zeuxis, les raisins, que les oiseaux furieux ont tellement désiré, ont si violemment percé de leurs becs rapaces, que les grappes ont disparu, puis la couleur, puis toute trace d'image en cette heure du crépuscule du monde où ils l'ont traîné sur les dalles* (p. 57)

On remarquera l'importance de cette représentation pour le poète, qui lui consacre deux autres sections, « Encore les raisins de Zeuxis » et « Derniers raisins de Zeuxis ». Les raisins que peignait le Grec étaient si ressemblants qu'il devait se protéger des oiseaux qui l'attaquaient pour mordre les fruits. Il tenta de ne plus peindre mais il revenait toujours à son œuvre.

Ne s'ajoute-t-il pas à ces références un souvenir d'enfance dont témoigne l'auteur dans *L'Arrière-pays* ?

> *Quand nous repartions en septembre, à peine si se formaient les premiers brouillards, nous laissions le raisin, souvent, à mûrir encore et c'était donc un été sans fin qui nous accueillerait l'an d'après* [...] (p. 104)

Mais le rouge est avant tout la couleur d'un tissu énigmatique qui fait tache dans la mémoire :

> *Nuées, ce soir,*
> *Les mêmes que toujours, comme la soif,*
> *La même étoffe rouge, dégrafée* (p. 14)
>
> *Et la vie a passé, mais te garda*
> *Vive mon illusion, de ces mains savantes*
> *Qui trient parmi les souvenirs, qui en recousent*
> *Presque invisiblement les déchirures.*
>
> *Sauf : que faire de ce lambeau d'étoffe rouge ?*
> *On le trouve dans sa mémoire quand on déplace*
> *Les années, les images ; et, brusques, des larmes*
> *Montent, et l'on se tait dans ses mots d'autrefois* (p. 60)

Encore une fois, c'est à une référence picturale récurrente que le poète nous renvoie. Il s'agit d'un tableau de Nicolas Poussin, *Moïse sauvé*, qui représente la fille de Pharaon au bord du Nil avec quelques servantes. La jeune femme porte une robe rouge qu'évoque à plusieurs reprises Yves Bonnefoy *Dans le leurre du seuil* : c'est la « draperie du sang » (p. 261), et surtout :

> *Celles dont l'eau, encore*
> *Avant le jour,*

*Reflète renversée*
*L'étoffe rouge.* (p. 263)

Ou

*Et le rouge des lourdes*
*Étoffes peintes*
*Que lavait l'Égyptienne, l'irréveillée,*
*De nuit, dans l'eau du fleuve* [...] (p. 274)

Cette jeune femme apparaît ici comme une représentation salvatrice de l'acte artistique. Elle s'expose au reflet du Nil, comme fait l'artiste qui s'expose dans l'image qu'il crée. L'eau apparaît sur la toile comme infinie, et représente en même temps notre imaginaire, lui-même infini. Or, l'acte poétique s'explique par la recherche de la présence, sans limite. On aboutit à ce résultat contradictoire que le tableau, espace par essence fini, est le lieu où se réalisent ces deux infinis.

## L'expression du temps dans le recueil

On remarquera un grand nombre d'indications temporelles dans les trois sections à étudier, qui concernent d'une part les saisons mais aussi les différents moments de la journée. Enfin, on notera que le thème du jour est intimement lié à celui du feu.

### Les saisons

Il est étonnant de constater que seul l'**été** est mentionné dans nos trois sections ; on dénombre six occurrences du mot, alors qu'aucune autre saison n'est citée :

*Je me souviens, c'était un matin, l'été,*
*La fenêtre était entrouverte* (p. 90)

[...] *c'est en été* (p. 91),

*Dans l'autrefois sans fin de la lumière*
*Des étés tamisés par les tuiles chaudes* (p. 94)

Dans ces trois cas, l'été est associé à des souvenirs d'enfance, souvenirs de vacances. Le mot est donc connoté de manière très positive puisqu'il renvoie à des images agréables — celle du père, par exemple —, où jeunesse, chaleur et rire sont fréquemment confondus. Dans les trois autres emplois du mot le sens est proche, bien que le substantif soit utilisé à titre métaphorique :

*C'est le sommeil d'été cette année encore,*
*L'or que nous demandons, du fond de nos voix,*
*À la transmutation des métaux du rêve* (p. 71)

En effet, si « rêve » sert ici de corollaire au terme « sommeil », « été » annonce bien l'« or », employé par syllepse* : il désigne au sens propre le métal précieux (« transmutation », « métaux du rêve ») et au sens figuré la couleur de l'été, couleur du passé à la manière de ces photographies sépia, symbole de la jeunesse perdue. Le rêve est une sorte d'alchimie qui permet de recréer ce monde perdu, celui de la jeunesse.

*Telle la nuit d'été, qui n'a pas de rives,*
*De branche en branche passe le feu léger.* (p. 71)

Le mot apparaît également dans une image, comparaison associant le feu métaphorique, qui représente peut-être la rêverie emportant le poète dans ses souvenirs, et la nuit d'été, courte et chaude. Notons au passage qu'il vient juste d'évoquer la terre et le vin, « la grappe des montagnes ». Peu après, reviennent ces images :

*Il a pris dans le ciel une grappe trop lourde,*
*Nous le voyons l'emporter dans la nuit.*
*Le vendangeur, celui qui peut-être cueille*
*D'autres grappes là-haut dans l'avenir,*
*Le regarde passer, bien que sans visage.*
*Confions-le à la bienveillance du soir d'été,*
*Endormons-nous…* (p. 75)

Nous retrouvons, cette fois encore, la connotation très laudative du terme « été ». Mais qui est ce vendangeur ? Faut-il y voir une allusion à un dieu indéfini ?

## *Les moments de la journée*

Comme on a pu le constater, l'été est saisi dans les poèmes à tout moment de la journée : le **matin** avec trois occurrences du mot à la page 90 ; les deux premières sont répétitives et servent à situer précisément un souvenir particulièrement net : « c'était un matin », « ce matin-là du monde ». On sent clairement que le terme désigne l'heure de la journée autant que le commencement de la vie du poète, ce sens-là étant repris dans les vers :

> [...] *cruel*
> *Le souvenir des matins de l'enfance.*

Ce n'est pas l'enfant que fut Bonnefoy qui s'exprime ici, c'est le jugement d'un homme mûr qui se retourne sur un passé énigmatique car il réalise qu'il n'a pas compris qui était son père, ni à l'époque, ni aujourd'hui. Par ailleurs le souvenir est émouvant car il ranime un temps et des personnes disparus. Proche du matin, l'« aube » fait une brève apparition dans le poème X de « La maison natale » pour caractériser des nuages.

L'« **après-midi** » est présent à deux reprises dans le poème VII, toujours pour situer deux scènes précises du passé. Il est curieux de souligner que toutes ces indications temporelles se trouvent concentrées dans la même section ; sans doute faut-il relier ce phénomène à la dimension assez nettement autobiographique de ces textes.

Le **soir** est certainement le moment le plus représenté : à cinq reprises, il y est fait mention.

> *Lui cependant, dans les plis du chant triste*
> *Du rossignol de l'île de hasard,*
> *Pensait déjà à reprendre sa rame*
> *Un soir* [...] (p. 72)

Ulysse s'est assoupi, s'abandonnant au rêve. Le soir est promesse de nouveau départ, comme une ouverture. Même connotation lorsque le mot est associé à l'été, ainsi que nous l'avons vu précédemment (p. 75), ou à la voix du poète, une voix d'espérance qui se refuse à dire le monde dans sa laideur,

> [...] *réelles, seules,*
> *Ces barrières qu'on pousse dans la pénombre,*
> *Le soir venant, d'un chemin de retour.* (pp. 77-78)

Dans le poème X de « La maison natale », le soir s'oppose nettement au matin du souvenir :

> [...] *et je me tourne encore*
> *Vers celle qui rêva à côté de moi*
> *Dans la maison perdue. À son silence*
> *Soient dédiés, au soir,*
> *Les mots qui semblent ne parler que d'autre chose* (p. 94)

et plus loin,

> ([...] *Et en avant ce serait bien la mort,*
> *Mais de cette couleur laiteuse du bout des plages*
> *Le soir, quand les enfants*
> *Ont pied, loin, et rient dans l'eau calme, et jouent encore.)* (p. 95)

On aura noté que l'expression temporelle, « le soir », était chaque fois mise en valeur par la ponctuation et qu'elle portait un accent. Importance symbolique surtout du mot « soir » car il semble bien associé à la mort, mais une mort « laiteuse », c'est-à-dire claire, lumineuse, plaisante et calme qui évoque plutôt un début, avec cette image des enfants qui jouent et rient (image récurrente dans tout le recueil), plutôt qu'une fin obscure. De même, bien que le terme ait une valeur généralisante, on le retrouve associé à cette même idée :

> *Partout en nous rien que l'humble mensonge*
> *Des mots qui offrent plus que ce qui est*
> *Ou disent autre chose que ce qui est,*
> *Les soirs non tant de la beauté qui tarde*

*À quitter une terre qu'elle a aimée,* [...]
*Que de la masse d'eau qui de nuit en nuit*
*Dévale avec grand bruit dans notre avenir* (p. 73)

On ne peut s'empêcher, ici, de remarquer la connotation négative de l'expression aquatique et du verbe « dévaler », qui évoque un mouvement brutal et imposé à l'homme.

## *Jour et nuit*

Le plus significatif demeure toutefois l'emploi apparemment antagoniste du **jour** et de la **nuit**. Le jour n'est guère représenté, quatre occurrences pour les trois sections que nous étudions (pp. 74, 89, 94, 94), auxquelles on peut ajouter six emplois du mot « lumière », disséminés (pp. 73, 73, 75, 87, 90, 94, 97). Remarquons que le mot « jour » est pris comme synonyme de « matin » dans la plupart des cas :

*Après quoi il fit jour ; et le soleil*
*Jeta de toutes parts ses milliers de flèches* [...] (p. 89)

Vision éclatante et comme triomphante de la clarté. Le terme est utilisé deux fois et au pluriel, au sens plus général d'« époque », de « période » :

*(Je m'éveillais*
*J'aimais ces jours que nous avions, jours préservés*
*Comme va lentement un fleuve* [...]) (p. 94),

formule qui rappelle combien la vie est identifiée à la lumière. C'est encore le cas ici : « Qui était-il, qui avait-il été dans la lumière » (p. 90), lorsque le poète s'interroge sur la figure de son père, sur l'homme qu'il a vraiment été. La lumière n'est plus seulement celle d'un matin d'été, c'est aussi et surtout celle de la vie. Dans un emploi seulement, le terme est utilisé, semble-t-il, au sens propre :

*Dans l'autrefois sans fin de la lumière*
*Des étés tamisés par les tuiles chaudes* (p. 94)

Comme le ferait un effet de réel, ces deux vers participent à la recréation du souvenir. Dans tous les autres cas, le substantif est à prendre au sens figuré, qu'il s'agisse des mains de la beauté qualifiées de « mains de lumière » (p. 73), de la « tache de lumière » de l'esprit (p. 75), des images « trop lumineuses » « accumulées dans [le] sommeil » (p. 87), ou de la lumière de Cérès (p. 97). Dans ce dernier cas, le terme est encore associé à la beauté et, par transitivité, à la vérité. On notera que cette thématique est fréquemment liée à celle du feu, le lien étant aisé, dans cet exemple, puisque la déesse évoque les beaux jours, la renaissance de la terre, « la flamme des jeunes blés » (p. 97).

**La nuit est l'indication temporelle la plus représentée dans le recueil** avec ses dix-neuf occurrences dans les trois seules sections. Elle y est liée au rêve, à l'inconnu dans la plupart des cas, à une terre « qui n'a pas de rives » (p. 71), à une mer dans laquelle le rameur plonge sa rame (p. 72), à la part énigmatique qui se situe en nous-même aussi :

*On ne sait si des mains ne se tendent pas*
*Du sein de l'inconnu accueillant pour prendre*
*La corde que nous jetons, de notre nuit* (p. 75)

Cette nuit est donc le plus souvent métaphorique. Dans le second poème de la section « Dans le leurre des mots », elle reprend tous les éléments négatifs que l'on peut reprocher à la langue poétique :

*Ô poésie,*
*Je sais qu'on te méprise et te dénie,*
*Qu'on t'estime un théâtre, voire un mensonge,*
*Qu'on t'accable des fautes du langage,*
*Qu'on dit mauvaise l'eau que tu apportes*
*À ceux qui tout de même désirent boire*
*Et déçus se détournent, vers la mort.*

*Et c'est vrai que la nuit enfle les mots* [...] (p. 79)

La nuit semble plus qu'ailleurs antagoniste de la lumière, de la clarté et du sens. Elle retrouve sa connotation habituelle, redevient le lieu qui se perd et où l'on se perd, qui n'a de sens que s'il se trouve, quelque part, un phare pour guider ceux qui ont navigué parmi les ombres.

*Je sais que tu seras, même de nuit,*
*L'ancre jetée, les pas titubants sur le sable,*
[...] *La première parole après le long silence,*
*Le premier feu à prendre au bas du monde mort.* (p. 80)

On notera que la poésie est l'« imagé » de nombreuses métaphores, jouant en particulier sur le thème du feu auquel appartiennent les termes « étincelle », « flamme », « chaleureux », « feux », thème qui constitue un vaste réseau d'antithèses avec « ombres », « obscure », « nuit » mais aussi sans doute avec « silence » et « monde mort ». Du reste, même quand la nuit n'est pas totalement silencieuse, elle n'est remplie que d'un « bruit de fond » (p. 75) à comprendre plutôt au sens linguistique comme quelque chose qui empêche la communication, le sens de se faire. On ne peut donc rêver que d'une nuit qui *prenne sens :*

*Et par la grâce de ce songe que vit-il ?*
*Fut-ce la ligne basse d'un rivage*
*Où seraient claires les ombres, claire leur nuit*
*À cause d'autres feux que ceux qui brûlent*
*Dans les brumes de nos demandes, successives*
*Pendant notre avancée dans le sommeil ?* (p. 72)

Dans « La maison natale », la nuit paraît posséder un sens nettement plus temporel et moins symbolique. L'écrivain emploie par deux fois l'expression « Il faisait nuit » au début des poèmes III et IV, les deux fonctionnant en écho. Souvenir réel ? Rêve ? Ici prédominent les sensations, les cris, les sens — dont cet étonnant « bruit de la couleur » qui a des résonances baudelairiennes et qu'on retrouve plus loin, avec « le son de la couleur » (p. 79). Cette nuit a donc peut-être une valeur plus abstraite qu'il ne semble au premier abord, valeur encore nettement négative :

[...] *je me hâte,*
*Trop lourde m'est la nuit qui dure, j'entre effrayé*
*Dans une salle encombrée de pupitres* [...] (pp. 87-88)

Nous retrouvons donc le même « lieu » inquiétant que dans la section précédente. Sans doute, la nuit est-elle ici comme surdéterminée par le regard de l'enfant. Les rêves y sont pour le moins ambivalents : liés au passé, ils apparaissent comme révélateurs de souvenirs. « Je m'éveillai, c'était la maison natale » ; ainsi commencent les trois premiers poèmes, le sixième proposant une variation du thème avec :

*Je m'éveillai, mais c'était en voyage* [...] (p. 89)

Le narrateur donne l'impression de sortir de la nuit, alors même qu'il nous fait plonger dans une dimension plutôt irréelle. Or ces rêves présentent des situations qui, pour n'être pas cauchemardesques, n'en sont pas moins déstabilisantes : vision d'inondation dans le premier, arbres se pressant autour de la maison (réminiscence de la forêt qui marche de *Macbeth* ?), poison envahissant le corps, effroi côtoyant les

[...] *images, trop lumineuses,*
*Que j'ai accumulées dans mon sommeil* (p. 87)

On notera, de surcroît, que les poèmes VII à X qui sont plus proprement autobiographiques et font directement allusion aux figures parentales, ne contiennent pas « nuit ». Ils sont au contraire écrits sous le signe du matin. On la retrouve quand revient la thématique du voyage maritime :

*Et je vois des nageurs qui, dans la nuit,*
*Se portent vers le navire* [...] (p. 96)

Nouvelle image de l'inconnu, du danger à fuir dans la recherche d'un rivage. C'est encore « de nuit » (p. 97) que réapparaît le personnage de Cérès, symbole de la quête sans fin comme Ulysse, une nuit qualifiée de « profonde » (p. 97), associant sans doute l'espace nocturne et le monde des ténèbres, le royaume d'Hadès.

Quant aux « Planches courbes », on n'y trouvera qu'une seule occurrence du terme :

*Le passeur s'assit sur une pierre près de sa barque. Sa voix vint de moins loin dans la nuit* (p. 102)

Curieusement, le mot est encore placé en fin de proposition, sous l'accent final de ce qui ressemble à un ennéasyllabe*. Mais, comme il s'agit de raconter au sein du poème en prose, cette seule indication rejaillit sur l'ensemble du texte. Elle suffit pour justifier l'ouverture cosmique finale, où l'eau du fleuve devient

*cet espace sans fin de courants qui s'entrechoquent, d'abîmes qui s'entrouvrent, d'étoiles* (p. 104)

On a donc pu remarquer à quel point les expressions temporelles étaient variées et significatives dans les trois sections à l'étude, tantôt « effets de réel », mais le plus souvent aussi métaphoriques, cumulant parfois les deux valeurs. Il suffit de feuilleter le reste du recueil pour se convaincre que cette caractéristique d'écriture se retrouve partout :

*Rauques étaient les voix*
*Des rainettes le soir* (p. 11)

*Matins que nous avions* (p. 13)

*Et encore : l'été*
*N'aura qu'une heure*
*Mais la nôtre soit vaste*
*Comme le fleuve.* (p. 32)

## La versification dans *Les planches courbes*

Recueil de poésie moderne, *Les planches courbes* n'ont pas recours en général au vers classique mais au vers libre ou au poème en prose. La plupart des poèmes sont écrits en vers libres, seuls le poème de la section donnant son titre au recueil, ainsi que les trois poèmes de la dernière section, « Jeter des pierres », sont en prose[1]. Pour autant, et comme à son habitude, Yves Bonnefoy se trouve souvent proche des formes classiques. Il utilise des alexandrins ou des hendécasyllabes* (même si ce que nous nommons ici alexandrin ne respecte pas toujours les règles de l'alexandrin classique pour ce qui concerne la scansion), le rejet ou le contre-rejet. Et si la rime externe est presque absente, assonances* et allitérations* sont fréquentes dans une poésie qui n'abandonne pas toute musicalité. De ce point de vue, la section « La voix lointaine » est fort explicite : le locuteur écoute dans le poème I une voix lointaine ressemblant fort à celle de la classique inspiration :

*Je l'écoutais, puis j'ai craint de ne plus*
*L'entendre, qui me parle ou qui se parle.* (p. 57)

Puis dès le poème II :

*Elle chantait, si c'est chanter, mais non,*
*C'était plutôt entre voix et langage*
*Une façon de laisser la parole*
*Errer, comme à l'avant incertain de soi,*

*Et parfois ce n'étaient pas même des mots,*
*Rien que le son dont des mots veulent naître,*
*Le son d'autant d'ombre que de lumière,*
*Ni déjà la musique ni plus le bruit.*

## *Le vers libre et sa métrique*

John E. Jackson dans son article du journal *Le Temps* du 6 octobre 2001 écrit à ce sujet : « [...] la forme même de la poésie se cherche ici à travers ce jeu subtil entre la forme régulière et la liberté du mètre, le décasyllabe et le vers de douze pieds, la syntaxe qui tente de prendre appui sur le vers et

1. Nous choisissons de parler de « poèmes en prose », bien que l'expression « poème en prose » puisse poser problème et que l'on puisse y voir plutôt des « récits poétiques ». Nous reviendrons sur cette possible distinction.

l'enjambement ou même l'hésitation de parole parlée. » À ce sujet encore, John E. Jackson écrit dans le même article : « Parlant de l'inspiration, Bonnefoy note aujourd'hui : « Ou bien je l'entendais dans une autre salle. / Je ne savais rien d'elle sinon l'enfance. / Des années ont passé, c'est presque une vie / Qu'aura duré ce chant, mon bien unique. » D'ajouter : « Ce chant, mon bien unique » : il n'est guère un seul poète de toute la tradition française qui n'ait pensé dans ces termes, de Guillaume IX d'Aquitaine[1], le premier troubadour, qui disait qu'il avait une amie qu'il n'avait jamais vue et qu'il aimait très fort, à Gérard de Nerval parlant d'un air pour qui il donnerait « tout Rossini, tout Mozart et tout Weber[2] ».

Il ne faut pas oublier qu'Yves Bonnefoy est un grand traducteur de la poésie anglaise, notamment de Shakespeare, et l'on ne peut s'empêcher de penser que la voix lointaine à laquelle il fait allusion, c'est aussi celle qui vient de l'Angleterre et de ses plus grands poètes. Or la poésie anglaise utilise souvent l'ïambe* et se scande en fonction des syllabes longues et des brèves, comme la poésie grecque ou la poésie latine de l'antiquité. Ces notions doivent absolument être prises en compte quand on veut étudier le mètre* des poèmes en vers libres des *Planches courbes*. Cette étude est ardue. En effet, même si ces considérations peuvent paraître très techniques, le texte de Bonnefoy nous force à les aborder. Rappelons simplement que les langues s'appuyant sur un accent tonique pour conditionner le sens des mots utilisent les **vers rythmiques** (ou accentuels), fondés sur le retour des syllabes

---

1. Guillaume IX d'Aquitaine (1071-1127). Il fut comte de Poitiers, duc d'Aquitaine mais aussi de Gascogne de 1086 à 1127. Ce fut l'un des plus grands poètes de langue romane. Il conquit par deux fois la ville de Toulouse et conduisit surtout une armée en Terre sainte. Celle-ci fut vaincue à Césarée en 1101.
2. Carl Maria Von Weber est un compositeur, pianiste et chef d'orchestre allemand né en 1786 et mort en 1828. Il a notamment écrit de célèbres pages intimes pour piano comme *Invitation à la valse* en 1819. Gioacchino Rossini est quant à lui un compositeur italien. Né en 1792 et mort en 1868. Il est surtout connu pour ses opéras comiques, comme *Le Barbier de Séville* de 1816 ou ses opéras, *Tancrède* et *Moïse* en 1827, *Guillaume Tell* en 1829.

accentuées (comme le français), alors que dans d'autres langues la longueur des syllabes importe davantage pour donner du sens et elles se servent de **vers métriques** (comme le grec ou le latin de l'antiquité, ou l'anglais). Ces poésies sont donc composées de séquences rythmées par la succession des syllabes brèves et des longues que l'on nomme des pieds. (À proprement parler, il ne faudrait pas parler de pieds pour la poésie française, mais toujours de syllabes). Le troisième poème de la section « La maison natale » nous incite néanmoins clairement à en tenir compte :

*Et je l'aimais comme j'aime ce son*
*Au creux duquel rajeunirait le monde,*
*Ce son qui réunit quand les mots divisent,*
*Ce beau commencement quand tout finit.*

*Syllabe brève puis syllabe longue,*
*Hésitation de l'iambe, qui voudrait*
*Franchir le pas du souffle qui espère*
*Et accéder à ce qui signifie.* (p. 59)

Toute la poétique du recueil est là : il suffit de lire entre les lignes. Enfouie au tréfonds de l'être, la parole poétique semble d'abord **un son venu d'ailleurs**, son de la poésie capable de réconcilier les hommes quand le langage courant, fait uniquement de bruit (au sens linguistique également), n'obtient que la discorde. Dans un récent article donné à la revue « La Tribune internationale des langues vivantes », Yves Bonnefoy s'explique de ce point de vue. Son propos éclaire la première des deux strophes que nous venons de citer : « Pour autant qu'il est un réseau de concepts le langage est notre chute, et c'est son emploi même qui est la cause de l'angoisse, c'est-à-dire aussi bien de la violence, qui traverse l'histoire humaine. » (p. 70). Ainsi conçue, la parole poétique apparaît comme l'un des rares vecteurs de paix offerts à l'humanité. Sa fonction est primordiale. Quant à la **musique** du poème, c'est le sommet à atteindre, le point ultime au bout de la route, ce soleil qui fuit derrière une montagne sitôt qu'au matin, il est apparu. Et le poète ne prétend pas l'entendre du premier coup. Tout d'abord le poème semble se situer entre musique et bruit. **Cette parole qui est d'abord sonorité doit néanmoins accéder au sens**. C'est du moins ce qu'espère le poète, car la partie n'est pas gagnée d'avance. Pour accéder au sens, il semble encore qu'il faille accéder à la vérité et à l'évidence. Mais, par nature, celles-ci nous échappent. Pour atteindre son souffle, la parole poétique semble inspirée par le rythme d'un vers que n'utilise pas ordinairement la poésie française, l'ïambe. Déjà Paul Claudel[1], au début du XXe siècle, avait affirmé que la diction poétique peut réintroduire dans la langue française les alternances de la poésie antique qui ne caractérisent plus la langue française, depuis que, dès les premiers siècles de notre ère, les langues romanes ont remplacé les voyelles longues et brèves par des voyelles plus ou moins ouvertes ou fermées. **Yves Bonnefoy**, rappelons-le (et comme il nous en a donné lui-même la confirmation) **fait allusion à l'ïambe de la poésie anglaise dans les vers que nous venons de citer**. Mais le processus est semblable, même si la poésie iambique anglaise, notamment chez Shakespeare ou Keats, prend souvent des libertés avec les alternances rigoureuses de syllabes longues et de syllabes brèves. Selon Paul Claudel, si l'ïambe était le vers de la poésie par excellence, c'était d'abord parce qu'il imitait le souffle de la vie : une inspiration brève, une expiration longue. Dans un article paru en 1998 dans *Yves Bonnefoy* (éd. Le temps qu'il fait, Cahier Onze), « Le plus petit poème d'Yves Bonnefoy », Jérôme Thélot commente le dernier poème de « L'orangerie », l'une des dernières sections du recueil *Du Mou-*

1. Poète et dramaturge français né en 1868, mort en 1955. Il a écrit à ce propos : « L'erreur la plus grossière de l'alexandrin qui devient insoutenable dès que l'oreille s'est formée [...], c'est qu'il fausse le principe essentiel de la phonétique française en attribuant à chaque syllabe une valeur égale, tandis qu'une forte longue par exemple a besoin pour sa pleine résolution non seulement d'un grand blanc qui l'accueille, mais d'un nombre suffisant de brèves et de longues moindres qui la prépare. »

*vement et de l'immobilité de Douve*. Voici ce poème, qui ne comprend que deux vers :

*Tu as pris une lampe et tu ouvres la porte,*
*Que faire d'une lampe, il pleut, le jour se lève* (p. 106)

Selon lui, ce poème caractérise parfaitement « ce rythme du bas du monde, qui est spécifiquement celui d'Yves Bonnefoy, celui de sa voix aussi résolue qu'étagée, aussi tendue et lointainement portée qu'aussitôt recourbée sur elle-même dans la probité de la conscience de soi. » (p. 217) On pourrait noter aussi que ces vers sont des alexandrins, et qu'il est d'une certaine manière plus facile d'étudier leur rythme. Ces deux vers sont en effet scandés de la façon suivante : 3/3//3/3 pour le premier (rythme on ne peut plus régulier) ; 2/4//2/4 pour le second qui, s'il ne reprend pas la séquence 3/3, brisant ainsi toute monotonie, répète cependant le même schéma. Dans les deux cas, le rythme est donc parfaitement binaire, ce qui caractérise aussi l'ïambe anglais. Plus difficile est l'étude du rythme du vers libre, mais on y retrouve souvent un rythme binaire, comme dans ces litanies de « La maison natale » :

*Je m'éveillai, c'était la maison natale* (poèmes I, II, III)

*Je m'éveillai, mais c'était en voyage* (poème VI)

*J'ouvre les yeux, c'est bien la maison natale* (poème VIII)

Dans les vers cités du poème III de « La voix lointaine », essentiels selon nous pour comprendre la poétique d'Yves Bonnefoy, il faut souligner l'extraordinaire concordance de la forme et du fond : le poète fait d'abord allusion à son amour pour la poésie « [...] j'aime ce son / Au creux duquel rajeunirait le monde » (notons au passage que la poésie est un « creux », comme la barque aux planches courbes). Il célèbre ensuite la poésie comme un facteur de paix et d'harmonie entre les hommes dans les vers 3 et 4, pour en venir ensuite à évoquer l'harmonie de ce son qu'il préfère, celui de l'ïambe, alternance d'une syllabe brève et d'une syllabe longue. Pourquoi une telle préférence pour l'ïambe ? La réponse n'est pas très différente selon nous de celle de Claudel, qui y décelait le souffle vital, parce que l'ïambe « voudrait / Franchir le pas du souffle qui espère / Et accéder à ce qui signifie ». Toute la poétique d'Yves Bonnefoy est là en effet : fondée sur l'espérance, comme nous l'avons expliqué, elle tente d'accéder au sens, c'est-à-dire à la vérité. Or le son des mots s'avère plus apte à l'atteindre que les mots eux-mêmes. La poésie offre au monde ce que le langage conceptuel ne saurait lui offrir. L'auteur des *Planches courbes* n'oublie pas qu'il y a plus de lumière dans le jour que dans le poème disant le jour, d'où l'image finale de l'esprit habité par une lumière (celle de la poésie) alors qu'il progresse dans la nuit, tenant à la main « une lampe cachée contre son cœur » (comme Rimbaud fugueur, dans *Ma Bohême,* tirant « au milieu des ombres fantastiques », la nuit, « les élastiques / De [ses] souliers blessés un pied contre [son] cœur »), cette lampe déjà présente dans *Du Mouvement et de l'immobilité de Douve*. Quelle unité dans cette œuvre, suspendue à cette faible lumière qu'un poète modeste mais prométhéen cherche à voler à la nuit !

Analysons à présent, de façon plus simple et scolaire, le mètre de quelques vers libres, puis le rythme du poème en prose, pour en venir aux effets de sonorités, notamment aux éventuelles rimes internes ou externes ainsi qu'aux assonances et aux allitérations.

Yves Bonnefoy préfère souvent le décasyllabe ou l'hendécasyllabe*. Il l'emploie régulièrement au sein du poème, comme dans le premier texte de « La voix lointaine » :

10 *Je l'écoutais, puis j'ai craint de ne plus*
9-10 *L'entendre, qui me parle ou qui se parle.*
11 *Voix lointaine, un enfant qui joue sur la route,*
10 *Mais la nuit est tombée, quelqu'un appelle*

10-11 *Là où la lampe brille, où la porte grince*
10 *En s'ouvrant davantage ; et ce rayon*

10-11 *Recolore le sable où dansait une ombre,*
10 *Rentre, chuchote-t-on, rentre, il est tard.*

8-10 *(Rentre, a-t-on chuchoté, et je n'ai su*
10 *Qui appelait ainsi, du fond des âges,*
9-12 *Quelle marâtre, sans mémoire ni visage,*
9-10 *Quel mal souffert avant même de naître.)* (p. 57)

Il faut évidemment jouer sur le décompte des syllabes pour en arriver à un tel résultat, notamment sur la lecture des « e » muets de dernières syllabes, et ne pas respecter toutes les règles de la poésie classique. Mais le résultat est là. Et le dessin du poème lui-même sur la page montre à quel point une certaine isométrie* voit le jour.

Dans le premier poème du recueil, c'est plutôt une alternance 6-5 qui l'emporte, dans « *Les rainettes, le soir* » I :

6 *Rauques étaient les voix*
6 *Des rainettes le soir,*
10 *Là où l'eau du bassin, coulant sans bruit,*
4 *Brillait dans l'herbe.*

6 *Et rouge était le ciel*
5 *Dans les verres vides,*
6 *Tout un fleuve la lune*
6 *Sur la table terrestre.*

6 *Prenaient ou non nos mains,*
5 *La même abondance.*
6 *Ouverts ou clos nos yeux*
5 *La même lumière.*

Un vers compte 10 syllabes, un autre 4. Par deux fois, des hexasyllabes se suivent, ce qui confère alors au poème de manière latente le rythme de l'alexandrin.

Dans le poème suivant, nous retrouvons exactement les mêmes types de vers :

6 *Ils s'attardaient, le soir,*
4 *Sur la terrasse*

10 *D'où partaient les chemins, de sable clair,*
4 *Du ciel sans nombre.*

6 *Et si nue devant eux*
4 *Était l'étoile,*
6 *Si proche était ce sein*
5 *Du besoin des lèvres*

6 *Qu'ils se persuadaient*
5 *Que mourir est simple,*
6 *Branche écartée pour l'or*
5 *De la figue mûre.*

L'étude de « *Que ce monde demeure* » II (p. 26) ferait ressortir le même type de vers, la première strophe entière enchaînant les hexasyllabes. Même vers encore dans « *Que ce monde demeure* » III, etc. Yves Bonnefoy utilise souvent, consciemment ou inconsciemment, les mêmes types de vers libres dans le recueil étudié.

## *Le rythme du vers libre*

Certaines strophes reprennent le même vers, comme le sixième poème de « La voix lointaine », et le décasyllabe pourrait y être scandé de façon classique.

6//4 *Et nul n'a bu au verre que je pose*
4//6 *Ni pris le fruit qui était devant moi,*
4//6 *Un peu de vent fait remuer la poussière*
6//4 *D'herbes sèches, de graines, sur le chemin.* (p. 62)

On remarque même ici que s'installe un double effet de chiasme rythmique*, les séquences rythmiques s'entrecroisant. Voilà qui n'est pas si éloigné de Racine ! À l'exception que dans le vers 4, par exemple, il faut encore jouer de la lecture des « e » finaux pour obtenir cette régularité ; licences qui n'ont évidemment rien à voir avec le classicisme.

Le second poème de « Dans le leurre des mots » multiplie davantage les alternances :

4 *Et je pourrais*
10 *Tout à l'heure, au sursaut du réveil brusque,*
9 *Dire ou tenter de dire le tumulte*
9-10 *Des griffes et des rires qui se heurtent*
12 *Avec l'avidité sans joie des vies primaires*
10 *Au rebord disloqué de la parole.* (p. 77)

Mais le premier utilise fréquemment l'hendécasyllabe*, bien que cela ne devienne pas systématique. Au sens propre du terme, le vers et le poète restent libres. (Une fois encore, néanmoins, cette forme libre permet ou non de prononcer les « e » muets, et plusieurs dictions sont possibles) :

11 *C'est le sommeil d'été cette année encore,*
11 *L'or que nous demandons, du fond de nos voix,*
11 *À la transmutation des métaux du rêve.*
8-11 *La grapp**e** des montagn**es**, des chos**es** proches,*
11 *A mûri, elle est presqu**e** le vin, la terre*
10 *Est le sein nu où notr**e** vie repose.* (p. 71)

Ou bien :

11 *Et le rossignol chante une fois encore*
10 *Avant que notr**e** rêv**e** ne nous prenne,*
10 *Il a chanté quand s'endormait Ulysse*
10 *Dans l'île où faisait halt**e** son errance,*
11 *Et l'arrivant aussi consentit au rêve,*
10 *Ce fut comme un frisson de sa mémoire*
10 *Par tout son bras d'existenc**e** sur terre*
11 *Qu'il avait replié sous sa têt**e** lasse.* (p. 71)

Il serait bien difficile de chercher dans ces vers une alternance de syllabes longues et de syllabes brèves, notre langue ne s'y prêtant pas, à moins de prononcer ces vers de façon emphatique, comme le faisait Saint-John Perse, ou encore comme André Malraux prononçait ses discours. Mais nous ne pensons pas qu'Yves Bonnefoy lise ainsi ses vers. L'allusion à l'ïambe est donc bien une image, tout comme celle que le poète emprunte au **rossignol**. En effet, rappelons que le vers du poète romantique anglais **Keats**[1] cité au début du poème IX de la maison natale est extrait de « **l'Ode à un rossignol** » :

> *When, sick for home, / She stood in tears amid the alien corn*
> (Quand, nostalgique de sa patrie, elle se tenait en larmes au milieu des blés étrangers)

Il ne faut pas oublier que traducteur, notamment de la poésie anglaise, Yves Bonnefoy a traduit Keats qu'il admire. S'il a fallu du temps pour qu'il comprenne le vers cité, c'est sans doute parce qu'il lui aura fallu attendre que sa propre poétique se mette en place. Or il y a coïncidence avec celle qu'entrevoyait le poète anglais : malade de ne pas trouver son « vrai lieu », sa vraie parole, de n'être pas « chez lui », le poète se tient sur une terre étrangère. Il lui faudra trouver sa terre, *une* terre. Mais de plus, l'allusion à la poésie anglaise, associée à celle du héros d'Homère, la double allusion au vers métrique donc, dénote une volonté, même si le désir ne saurait être tout à fait atteint une fois encore : celui d'insinuer dans le vers français ce qui est propre à l'ïambe (surtout anglais). Dans un livre peu connu, *La petite phrase et la longue phrase* (éd. La Tilv-Anagrammes, 1994), Yves Bonnefoy posait le problème en ces termes : « Peut-on voir sa propre langue comme du dehors, comme si c'était une langue étrangère ? Jamais tout à fait sans doute, même dans les situations de bilinguisme. Pour que le point d'appui de l'autre langue parlée suffise au nécessaire décentrement, il faudrait qu'il se situe au niveau le plus profond de notre parole, et ait donc existé dès les tout premiers temps de l'acquisition du langage, alors qu'en ces

1. John Keats est un poète anglais, né à Londres en 1795 et mort à Rome en 1821. Son œuvre s'appuie sur quelques thèmes typiquement romantiques (sentiment panthéiste de la nature, étrange, légendes du Moyen Âge, mysticisme…) mais s'en différencie par un sensualisme esthétique plus moderne. D'abord mal accueillie par la critique, son œuvre a été de plus en plus considérée avec le temps, et même si ce poète est mort jeune, alors qu'il voyageait en Italie, c'est l'un des poètes anglais du XIX$^{e}$ siècle les plus renommés. « La Veille de la Sainte-Agnès », l'« Ode à un rossignol », l'« Ode à une urne grecque » sont notamment des chefs-d'œuvre.

mois-là une langue, une seule, prédomine presque toujours. » (p. 1) S'intéressant surtout à l'esthétique de l'essai, et comparant l'expression de la pensée en langue française et en langue anglaise (ce que l'on appelle parfois dans des programmes trop scolaires, de façon maladroite et restrictive, le « discours argumentatif »), Yves Bonnefoy en vient à étudier la portée d'une phrase française plutôt longue, et d'une phrase anglaise plutôt brève. Il conclut ce petit livre ainsi : « Et il faudrait se poser la question de la poésie, qui a partout le même but, déchirer le réseau de la représentation pour atteindre à plus d'unité, à plus de présence au monde dans ce qu'on vit [...] » (pp. 11-12).

## Les effets de sonorités

Au sein de « Poésie et vérité », extrait des *Entretiens sur la poésie*, Yves Bonnefoy explique toute l'importance qu'il accorde aux échos de sonorités et de rythmes au sein du poème. Selon lui, leurs relations dans le poème et le recueil permettent de faire miroiter cette « brèche dans le réseau des notions que la langue ordinaire resserre sur chaque chose » que le poète allemand Rainer Maria Rilke nommait l'« ouvert » : « Si pour quelque raison nous formons des phrases dans lesquelles les relations de sonorités, de rythmes, rapprochent les mots d'une façon qui préserve dans notre écoute leur qualité matérielle, ceux des rapports de ces mots qui procédaient du concept en sont neutralisés, ils s'effacent, et la phrase maintient l'Ouvert devant nous au moment même où les vocables, qui sont prêts cette fois à être nôtres vraiment, vont peut-être dire *autre chose.* » C'est cette recherche même que Bonnefoy nomme la poésie. Et selon lui, cet art particulier a une capacité d'expérience et de vérité, capacité « qui n'est plus assez reconnue par la poétique contemporaine. » (p. 263)

Aussi l'aspect sonore du poème ne saurait-il être négligeable, comme le poète le développe dans la section « La voix lointaine ». Cette voix lointaine qu'il écoute, c'est la poésie, ou l'inspiration propre à la poésie, dictant sa musicalité :

*Je l'écoutais, puis j'ai craint de ne plus*
*L'entendre, qui me parle ou qui se parle.*
*Voix lointaine, un enfant qui joue sur la route,*
*Mais la nuit est tombée, quelqu'un appelle*

*Là où la lampe brille, où la porte grince*
*En s'ouvrant davantage ;* [...] (p. 57)

Les vers 1,2,3 et 4, par exemple, comptent sur une **allitération** en [l] ; le vers 1 sur une **assonance** en [ɛ], le vers 2 sur une assonance en [ã], reprise ensuite.

Dans le poème en prose aussi, ces échos sonores sont possibles, comme dans les premiers vers des « Planches courbes » : « **L**'homme é**t**_ai_t g**r**and, qui se **t**en_ai_t su**r** **l**a **r**ive, p**r**_è_s de **l**a ba**r**que. » Une nouvelle assonance en [ɛ] s'ajoute à des allitérations en [t], [r] et [l]. Dans le poème en prose « Rouler plus loin », l'allitération en [s] est marquée : « [...] **s**es affleurements ne **c**e**ss**aient plus de **s**'étendre, de gro**ss**ir, [...] ». Ces exemples seraient faciles à multiplier.

Certes, les vocables sont matériels, et cela inquiéta jadis à la fois Mallarmé[1] et Platon[2] dans le *Cratyle*, « parce que l'aspect sonore du mot ferait écran devant l'objet que le mot désigne », mais cette propriété même offre à l'œuvre **l'unité et la réalité de l'objet** : « c'est en fait ce qui, dans le poème, rappelle à la conscience qui œuvre les caractères d'unité, de totalité qui sont la vérité, la réalité de la chose ou du moment d'expérience. » Le vers n'apparaît donc pas comme une transformation négative du

1. Poète français né en 1842, mort en 1898. A publié notamment dans « Le Parnasse contemporain » avant de devenir symboliste. La génération des poètes de vingt ans, hostile à l'école parnassienne, se réunit chez lui les mardis soir. Il ne publie que quelques sonnets et articles. Il rêve d'un « Livre » absolu dont *Un coup de dés jamais n'abolira le hasard* constitue le premier mouvement, publié en 1897 dans la revue *Cosmopolis*.
2. Platon est un philosophe grec né à Athènes en 427 avant Jésus-Christ et mort vers 347. Disciple de Socrate, il est l'auteur de vingt-huit dialogues philosophiques authentifiés. Se demandant quel est le meilleur système politique possible, il a donné *La République*. *Cratyle* s'intéresse à la justesse des noms.

monde mais ouvre, au-delà du mot, les portes de l'insaisissable : « Loin d'être le prisme déformant, qui n'incite qu'à l'illusoire, le vers est l'index qui pointe vers cet au-delà du vocable qui est notre seul contact qu'on puisse dire tangible avec une réalité autrement insaisissable ». Et Bonnefoy de conclure alors : « On a bien le droit de dire, en dépit de la critique des sémiologues, que la poésie peut prétendre à la vérité. » (p. 264)

Ce système d'échos phoniques au sein du poème, cette musicalité qui lui est propre, n'a de sens que si rythme et sonorités contribuent à effacer les notions floues que traînent les mots pour contribuer à la naissance d'une véritable présence du mot pour lui-même, du nom, serions-nous donc tentés de dire : « Car du moment que le texte en somme matériel que se permet le poème a neutralisé par ses rythmes, ses assonances, le réseau des associations, des rapports entre vocables qui dans la langue commune portent les propositions du concept et même son projet propre ; du moment que les essences s'effacent dans l'expérience de la présence, celle-ci serait-elle le simple pressentiment qui se refuse autant qu'il s'ébauche, pourquoi les mots désormais vacants ne se prêteraient-ils pas au souvenir d'événements inaperçus jusqu'alors [...] ? » (p. 265) Certains pourront s'étonner de cette croyance dans le pouvoir du son au détriment du sens, ou plutôt des réseaux de sens qui s'instaurent dans un poème, de ce culte du nom, du sens unique du mot, pour ainsi dire. Cette attitude s'oppose radicalement aux positions structuralistes, notamment à la notion de « sens pluriel » telle qu'on la trouve dans l'œuvre critique de Roland Barthes par exemple. Empêcher les mots de communiquer entre eux, oblitérer les « rapports entre vocables » afin de tuer l'idée même de concept peut apparaître (le poète le reconnaît lui-même), comme un rêve irréalisable. L'autre critique que l'on pourrait émettre, c'est que les relations de sens entre les mots contribuent à un riche étoilement du sens dans le poème, dont la lumière peut également s'avérer hermétique. Selon Cocteau, il ne fallait pas refuser l'énigme du poème, car le monde étant un mystère, le poème cherchant à dire le monde devait rester un mystère lui-même. Le rêve du « sens pur », de l'« absolue vérité », chère plutôt aux philosophes qu'aux poètes, de façon générale, n'est-il pas lui-même un leurre ? Yves Bonnefoy aborde cette question quand il s'intéresse à l'écriture de l'essai. À ce moment il reconnaît : « Pour ma part, j'estime que même si une conceptualisation échoue à pénétrer l'être du monde, elle peut avoir réussi à mettre en place une pratique de l'existence, un mode du rapport de la personne à ce monde » (*La petite phrase et la longue phrase*, *op. cit.*, p. 9).

Pour ce qui concerne la **rime externe** (derniers mots de chaque vers), notons qu'elle est parfois présente dans les poèmes en vers libres. Ainsi dans les deux premiers vers du poème II de « La maison natale », trouve-t-on une rime suivie et suffisante (2 phonèmes communs), la rime est féminine :

*Je m'éveillai, c'était la maison nat**ale**.*
*Il pleuvait doucement dans toutes les s**alles**,* [...] (p. 84)

Les vers 7 et 10 proposent également une rime suffisante féminine, mais au centre des quatre vers concernés, qui auraient pu proposer un schéma de rimes embrassées (a/b/b/a), deux mots ne riment pas :

*C'était de ces reflets que, parfois, un vis**age***
*Se dégageait, riant, d'une douceur*
*De plus et autrement que ce qu'est le monde.*
*Et je touchais, hésitant, dans l'im**age*** [...] (p. 84)

Parfois, ce schéma de rimes embrassées est presque réalisé, comme aux vers 14 et 17, mais cette fois l'une des deux rimes est remplacée par une simple assonance (être / déserte) :

*Étonnement entre être et ne pas **être**,*
*Main qui hésite à toucher la bu**ée**,*
*Puis j'écoutais le rire s'éloign**er***
*Dans les couloirs de la maison dés**erte**.*

Les rimes externes sont plus fréquentes qu'on ne pourrait le croire, elles restent néanmoins discrètes, le plus souvent pauvres (un seul phonème commun) ou suffisantes. La rime riche (trois phonèmes communs) est une rareté. Cela prouve que le poète ne compte pas sur la richesse de la rime pour que s'instaure la musicalité du poème. Si cette musicalité est incontestable, on ne saurait la comparer avec celle du vers de Verlaine ou de Rimbaud. C'est **une musicalité discrète, murmurée**, mais elle ne saurait cesser, comme l'indiquent les premiers vers du poème VII de « La voix lointaine ». On remarquera au passage l'utilisation du contre-rejet externe, par deux fois, aux vers 1 et 2 (noté en gras). Quant aux vers 3 et 4, ils forment un enjambement.

*Ne cesse pas, voix dansante,* ***parole***
*De toujours murmurée,* ***âme des mots***
*Qui et colore et dissipe les choses*
*Les soirs d'été où il n'est plus de nuit.* (p. 63)

Ces derniers procédés sont très fréquents dans le recueil. Le rythme du poème est élaboré. Le plus souvent, il est loin d'être régulier. Rejets, contre-rejets et surtout enjambements permettent de sortir d'un cadre strict et resserré, de rapprocher le rythme du poème de celui de la prose. Ainsi, l'alternance entre les poèmes en vers libres et les poèmes en prose est-elle moins prononcée. Voilà qui contribue encore à l'unité du recueil, cette fois au niveau de la forme.

Cela est plus aisé à analyser dans le poème en prose, qui compte souvent sur des allitérations ou des assonances, mais rarement sur des rimes internes, si ce n'est par l'intermédiaire d'un enchaînement de verbes à l'imparfait de l'indicatif, comme dans le poème « rouler plus loin » :

[...] *montagnes, d'eau peut-être, qui s'effondr**aient**, masses vaguement sphériques qui se heurt**aient**, se repouss**aient**, se cogn**aient** à nouveau, et bourdo**nnaient** ou tour**naient** à grands bruits d'abîmes puis se per-d**aient** dans l'incréé, dans l'absence.* (p. 124)

## Les sections « Les planches courbes » et « Jeter des pierres », poèmes en prose ou récits poétiques ?

Nous avons pris le parti d'appeler les quatre poèmes de ces deux sections, le poème « Les planches courbes » et les trois poèmes de « Jeter des pierres », « poèmes en prose », et non « récits poétiques ». Il convient néanmoins d'expliquer un tel choix. De plus, une telle étude serait incomplète si elle n'accordait pas à un moment quelque importance, même de façon rapide, au **poème en prose**. On remarque que tous les autres poèmes du recueil sont en **vers libres*, vers dominant dans *Les planches courbes***. De ce point de vue, « l'unité » de la poésie chère au poète n'hésite pas à pratiquer le mélange des formes, ce que n'a pas fait Baudelaire, par exemple, mais ce que n'hésita pas à faire Apollinaire dans *Alcools*. Néanmoins, on remarque qu'il ne va pas jusqu'à mêler ces types de poèmes dans les sections elles-mêmes.

Suzanne Bernard, dans *Le poème en prose de Baudelaire jusqu'à nos jours* (Paris, A.G. Nizet, 1959), Tzvetan Todorov dans « Poésie sans le vers », tiré de *La Notion de littérature et autres essais* (Seuil, 1987) et Dominique Combe dans *Poésie et récit – une rhétorique des genres* (José Corti, 1989) ont cherché à définir le poème en prose, et à le distinguer du récit poétique. Jean-Yves Tadié, de son côté, dans *Le Récit poétique,* a étudié la plupart des grands romans utilisant par moments une écriture très imagée et très musicale. C'est le cas des romans d'*À la Recherche du temps perdu* de Marcel Proust. Or jamais nous n'aurions l'idée de nommer *Du Côté de chez Swann* « poème en prose ». D'abord parce que le récit mérite aussi le nom de roman, parce qu'il met en place de nombreux personnages, et qu'il est long. L**e poème en prose est toujours beaucoup plus bref**, se déployant le plus souvent sur quelques pages seulement. *Gaspard de la nuit* d'Aloysius Bertrand, peut ainsi être considéré comme **une suite de poèmes en prose**. Ce serait par un excès de langage, ou bien une vue de l'esprit, que nous pourrions confondre dans ce cas le tout et ses parties. Selon Dominique Combe, « Le poème en prose [...] suppose une volonté consciente d'organisation en poème : il doit être un tout organique, autonome, ce qui permet de le distinguer de la prose poétique (laquelle n'est qu'une matière, une forme du premier degré si l'on préfère, à partir de laquelle on peut construire aussi bien des essais, des romans, des poèmes). » Tzvetan Todorov s'accorde avec cette définition mais refuse d'appliquer au poème en prose le critère d'unité que ce dernier y décelait. En effet, ce critère peut s'appliquer à d'autres genres, comme le roman. Tzvetan Todorov propose plutôt une distinction des arts selon deux groupes s'inspirant d'une analyse d'Étienne Souriau : « arts présentatifs » et « arts représentatifs ». La poésie appartiendrait selon lui au genre « présentatif ». L'épopée, la narration, la description versifiée, genres représentatifs, pencheraient davantage du côté du vers. Finalement, selon lui, le poème en prose doit être analysé davantage sous l'angle de la prose que sous l'angle de la poésie. Nous trouvons cette analyse brillante, et c'est la raison pour laquelle nous l'indiquons, mais estimons qu'elle ne s'appuie pas assez sur une définition de la poésie elle-même. En ce sens d'ailleurs, elle convient mal à l'œuvre d'Yves Bonnefoy, qui n'a cessé d'interroger le poétique. Selon lui, comme nous l'avons démontré, **la poésie se définit comme une langue idéale, « pure »**, langue composée de noms plutôt que de mots, instaurant des réseaux de sens gênants nés des concepts. La section « La voix lointaine » apparaît dans le recueil que nous étudions comme une sorte d'Art poétique soulignant l'importance de la musicalité et du rythme du poème. Selon nous, si un récit d'Yves Bonnefoy répond à ces critères, il glisse du côté du vers plutôt que de la prose. Toutes les études de l'écriture que nous avons pu ébaucher dans ce livre prouveraient que le travail du récit, dans *Les planches courbes,* le porte du côté du vers plutôt que du côté de la prose. Assonances, allitérations, rimes internes (même rares), rythme des trois poèmes concernés contribuent selon nous à en faire des poèmes plutôt que de simples récits. Pour dire vrai, la distinction entre poème en prose et récit poétique n'est pas abordée pour elle-même dans les essais d'Yves Bonnefoy. Cela n'est pas étonnant. Ce qui compte avant tout pour lui, c'est la recherche d'une poésie de la présence, mais d'une poésie avant tout, c'est cette voix lointaine qui voudrait parfois adopter le rythme de l'ïambe anglais. Jamais la notion de poésie n'est remise en cause dans *Les planches courbes*.

*A contrario*, et à titre d'exemple, nous ne serions pas aussi affirmatif pour ce qui concerne les textes proposés dans *Rue Traversière (et autres récits en rêve)* (1987), qui apparaissent davantage comme des *récits* poétiques que comme des *poèmes* à part entière : le poète utilise lui-même le terme « **récit** en rêve » en sous-titre. Quant au statut de *L'Arrière-pays*, que l'on a dit parfois problématique, il nous semble clair qu'y dominent l'autobiographie et le récit de voyage (incluant parfois le récit *de* rêve), ceux-ci suscitant des passages proches de l'essai et notamment de la critique d'art. Mais l'aspect autobiographique touche tant le récit, qu'on ne saurait y voir dominer le poème.

La modernité aime souvent franchir les anciennes frontières des genres, et il faut en fait toujours se poser le problème du *genre dominant* un texte (récit ou poème dans ce cas), pour répondre à la question posée dans ce court chapitre. Ici, la réponse doit selon nous avant tout tenir compte de définitions précises concernant le récit et la poésie.

# Les écarts de syntaxe dans *Les planches courbes*

*Ô poésie,*
*Je sais qu'on te méprise et te dénie,*
*Qu'on t'estime un théâtre, voire un mensonge,*
*Qu'on t'accable des fautes du langage* [...] (p. 79)

Le Surréalisme a malmené le langage poétique, c'est un fait, en préconisant, du moins au début du mouvement, une écriture inconsciente, avec l'écriture automatique ou les cadavres exquis par exemple. Les groupes qui ont suivi ont souvent pratiqué les mêmes jeux. L'OULIPO se présentait bien comme une sorte de laboratoire du langage et de la création littéraire. Qu'en est-il du recueil *Les planches courbes* ?

On constatera que l'écriture d'Yves Bonnefoy est caractérisée par la concision et les procédés grammaticaux qui l'accompagnent : ellipse, degré zéro de la détermination, sans doute parce que le mot risquant d'être mensonger, il faut tenter de ne conserver que l'essentiel, comme l'expriment ces vers :

*Que l'absence, le mot*
*Ne soient qu'un, à jamais,*
*Dans la chose simple* (p. 27)

De plus, ils emploient des formes de glissements, qu'il s'agisse de la place des mots dans la phrase, de leur nature, qu'il s'agisse des constructions.

## *L'ellipse**

La première ellipse qui s'impose dans notre recueil est d'ordre verbal. On y rencontre en effet fréquemment la phrase nominale. Celle-ci, d'ordinaire réduite à quelques emplois spécifiques — titres, phrases mettant en valeur la sensation immédiate, dans le journal intime par exemple — remplace la phrase verbale sans heurt :

*Beauté, suffisante beauté, beauté ultime*
*Des étoiles sans signifiance, sans mouvement.* (p. 74)

L'avantage est d'éviter le verbe et le temps, de rendre donc la phrase atemporelle. Le poète parvient même à n'exprimer que la circonstance sans forme verbale. « Une autre fois » (p. 86) réussit ce tour de force : le vers apporte une indication temporelle ; « une autre fois » signifie « à un autre moment », « un autre jour », mais simultanément fait l'économie du verbe qui inscrirait dans le temps le souvenir. Du coup, il se dégage une impression de flou, quelque chose d'onirique renforcé par l'imparfait. Le plus souvent, le verbe omis est « être » ; il n'est pas indispensable pour la bonne compréhension de la phrase. On trouvait déjà ce procédé dans la syntaxe latine, et l'on connaît l'amour du poète pour cette langue ancienne. Il souligne, du reste, dans *L'Arrière-pays*, ce goût pour une parole économe :

> *J'avais douze ans, à peu près, puisque j'apprenais les rudiments du latin, et tout de suite j'avais été fasciné par ces mots qui doublaient les miens d'une dimension imprévue, d'un secret peut-être, — mais surtout par l'admirable, la résonnante syntaxe. Ainsi, avec les cas, les déclinaisons, on pouvait se passer de prépositions pour les relations entre vocables. Avec les ablatifs absolus, les propositions infinitives, les participes futurs, on pouvait contracter dans un mot, ou une structure dense, second degré de l'esprit, ce que le français n'eût exprimé qu'en le dénouant. Loin de les affaiblir, ce resserrement me semblait aller plus intimement aux relations signifiantes.* (pp. 107-110)

Ainsi le premier quatrain de « La pluie d'été » est-il parfaitement lisible :

*Mais le plus cher mais non*
*Le moins cruel*
*De tous nos souvenirs, la pluie d'été*
*Soudaine, brève* (p. 15)

Mais parfois, ce n'est pas du verbe « être » dont on fait l'ellipse. Si elle porte sur un verbe déjà énoncé précédemment, le lecteur rétablit aisément le sens, par exemple :

[...] *voyez croître*
*Les signes dans les images. Et les montagnes*
*Bleuir au loin, pour vous être une terre* (p. 78)

Ce qui fait rupture, c'est la ponctuation car sans la pause nette derrière « images », la phrase se poursuivrait naturellement. Ici, au contraire, l'infinitif final ne semble porter que sur « bleuir » alors que les signes constituent eux aussi une terre promise, un but à atteindre. Du coup, la syntaxe opère un rapprochement entre « montagnes » et « terre », accentuant l'aspect minéral. Mais on le constate : le verbe « voir » n'a pas besoin d'être employé une deuxième fois, son ellipse ne fait qu'alléger l'expression.

Dans ce vers :

*La vie, alors ; et ce fut à nouveau*
*Une maison natale* (p. 94)

nous n'avons plus dans la première proposition qu'un thème (« la vie ») et plus aucun prédicat*. Sans attribut du sujet potentiel, il est difficile de reconstituer une proposition attributive. Mais que sait-on de la vie d'alors ? Rien. Faut-il comprendre : c'était la vie, alors ? En fait, le lecteur a toute latitude pour interpréter le sens mais il semble évident que le terme est connoté de façon plutôt positive. Cette vie d'alors était lumineuse et parfumée, c'était le temps de l'enfance, heureux. Parfois, ce n'est pas le verbe « être » qui est occulté mais un autre qui se laisse deviner.

*Et pitié pour Cérès et non moquerie,*
*Rendez-vous à des carrefours dans la nuit profonde,*
*Cris d'appels au travers des mots, même sans réponse,*
*Parole même obscure mais qui puisse*
*Aimer enfin Cérès qui cherche et souffre.* (pp. 97-98)

La strophe paraît, du fait du subjonctif, à mi-chemin entre la prière (J'implore la pitié pour Cérès...) et la description, or ce flottement n'est possible que dans une phrase nominale.

Du reste, même quand la phrase est éminemment verbale, l'ellipse s'impose parfois : « Dormons, ne nous sachant » (p. 17).

Cette formule, que la langue latine aurait traduite avec aisance, est ressentie comme un écart, d'abord parce que le verbe « savoir » n'a guère comme complément d'objet que les pronoms ou les subordonnées complétives, d'autre part parce que le lien logique est tacite. Si l'on perçoit la parataxe*, peut-on affirmer pour autant quelle est sa fonction ? Faut-il comprendre : ne sachant pas qui nous sommes, dormons ! Dormons puisque nous ne nous connaissons pas ! Ou : dormons sans nous connaître !

On peut remarquer encore l'ellipse des subordonnants, comme dans ce vers :

[...] *Mais la nôtre soit vaste*
*Comme le fleuve* (p. 32)

ou celle des noms,

*Je déplace du pied*
*Entre d'autres pierres*
*Cette large, qui couvre*
*Des vies, peut-être* (p. 36)

### *Le degré zéro de la détermination*

Yves Bonnefoy emploie assez fréquemment les substantifs sans détermination :

*Mon amie, c'est là nouveau ciel, nouvelle terre* (p. 71),

*Et je repars, et c'est sur un chemin*
*Qui monte et tourne, bruyères, dunes*
*Au-dessus d'un bruit encore invisible* [...] (p. 96)

*C'est, bientôt, le silence. Et on ne sait encore*
*Si c'est rive nouvelle* [...] (p. 74)

*Je désire plus haute ou moins sombre rive* (p. 87)

*Pour qu'il ait rire* [...] (p. 97)

La syntaxe tolère l'absence d'article dans certains cas, dans la forme négative de l'article indéfini ou dans les listes de noms par exemple. Dans notre première citation, le balancement des deux groupes nominaux, ajouté à la répétition de l'adjectif, renforce l'opposition. Comme ils sont nouveaux, l'absence d'article est justifiée : comment actualiser des lieux inconnus ? Dans la deuxième, l'effet est différent : le lecteur connaît ce décor maritime, il replace automatiquement l'article indéfini qui fait défaut mais, ainsi, il lui semble voir l'essence des bruyères et des dunes. Pour les autres vers cités, on constate chaque fois que le terme sans détermination est virtualisé pour ainsi dire, au prix éventuel d'un hiatus* : la rive n'est pas atteinte, elle n'est que désirée, le rire n'est pas encore donné. Au contraire, dans

*Car c'est dans le désir*
*Et non le temps*
*Qu'a puissance l'oubli*
*Et que mort travaille* (p. 32),

l'absence d'article devant « mort », alliée au verbe, la personnifie sans même qu'il soit besoin d'une majuscule. Yves Bonnefoy manipule le système déterminatif dans un but particulier : renforcer le sens.

## L'inversion du sujet

L'inversion du sujet qui répond à des habitudes d'écriture poétique ou à certaines contraintes grammaticales, prend ici un nouveau relief du fait de sa fréquence. On relèvera aisément des exemples qui mettent en valeur un élément de la phrase.

*Rauques étaient les voix*
*Des rainettes le soir* (p. 11)

présente un cas traditionnel d'insistance de l'adjectif attribut. Plus étonnant, Yves Bonnefoy inverse le sujet même avec des verbes d'action, comme en témoignent ces extraits :

*Bois, et qu'ouvre ta main*
*Ma robe rouge,*

*Que consente ta bouche*
*À sa bonne fièvre.* (p. 30),

*Passaient dans leur sommeil des souvenirs* [...] (p. 35)

*Comme cherche le rêve, dans nos sommeils,*
*Son autre terre.* (p. 22)

*Prenaient ou non nos mains,*
*La même abondance.* (p. 11)

Ce dernier exemple est plus intéressant car la syntaxe n'accepte normalement pas l'antéposition du verbe qui conduit au rapprochement immédiat du sujet et de son complément d'objet. Du coup, l'expression est sentie comme un écart par rapport à la norme. Elle souligne le premier mot du vers, le procès exprimé, et juxtapose deux monosyllabes qui débutent par la même consonne, « non » et « nos ». Au final, ce choix syntaxique revivifie l'allitération en [n] et surprend le lecteur. On retrouve le même effet dans ce quatrain de « Pluie d'été » :

*Il allait, où n'est plus*
*Rien que l'on sache, mais,*
*Éprise de son chant, dansante, illuminée,*
*L'accompagnant l'abeille.* (p. 20)

C'est le deuxième vers de la strophe qui constitue le sujet du verbe « être » — ce qui lui rend par conséquent son sens plein d'« exister » —, le verbe « accompagner » a pour sujet « l'abeille » dont dépendent les trois participes antéposés. Yves Bonnefoy procède ici à une cascade d'inversions qui simule peut-être la danse dont il est question, une farandole joyeuse. L'inversion peut même altérer l'ensemble de la proposition :

*Le soir qu'Amour te fit, comme il fut dit,*
*Le cœur serré dans la salle descendre* (p. 64)

Le dernier vers du poème reprend tous les groupes fonctionnels en ordre inversé et décroissant du point de vue syllabique, ce qui ressemble à une respiration difficile.

## *Les ruptures syntaxiques*

Le poète a recours à des tournures originales, telles ces

> [...] *images qui chacune*
> *Nous laissent à la fièvre de désirer* [...] (pp. 72-73)

Le verbe s'emploie plutôt directement, on laisse *quelque chose* (à quelqu'un). Ici, c'est le contraire : nous sommes *laissés à* la fièvre de désirer, comme on peut *laisser un lieu à l'abandon*. Le lecteur se sent plus que jamais proche du narrateur, avec lequel il partage le pronom sujet. Ce traitement de la préposition « à » est un trait d'écriture spécifique à Yves Bonnefoy. Nous retrouvons des constructions proches dans les vers suivants :

> *Mais je sais tout autant qu'il n'est d'autre étoile*
> *À bouger, mystérieusement, auguralement* [...] (p. 79)

> *Pas un oiseau, le vent seul à ouvrir et fermer la vague* [...] (p. 83)

> [...] *c'est déjà*
> *L'eau éternelle à bouger dans l'écume* [...] (p. 96)

De même, quand il veut nous faire sentir l'imposture du langage, il utilise une formule qui attire l'attention :

> *Aller, par au-delà presque le langage* [...] (p. 73)

On attendrait : « au-delà du langage », ou « par-delà le langage », mais cette combinaison nous fait sortir de la syntaxe ordinaire, nous rappelant que la langue poétique joue justement sur des écarts qui constituent le style d'un poète et s'éloignent du langage quotidien. La rupture syntaxique nous amène donc forcément à nous interroger sur le sens recherché par l'écrivain. Toujours dans « Le leurre des mots », nous pouvons lire :

> *Nous mettons nos pieds nus dans l'eau du rêve,*
> *Elle est tiède, on ne sait si c'est de l'éveil*
> *Ou si la foudre lente et calme du sommeil*
> *Trace déjà ses signes dans des branches*
> *Qu'une inquiétude agite, puis c'est trop sombres*

*Pour qu'on y reconnaisse des figures*
*Que ces arbres s'écartent, devant nos pas* (pp. 73-74)

L'adjectif « sombres » est étonnamment accordé. Caractérise-t-il les signes ? Ou les branches ? Toujours est-il que le sujet grammatical est un pronom démonstratif neutre au singulier, comme l'atteste le verbe être. Le poète fonctionne souvent par glissements :

*Il pleuvait doucement dans toutes les salles,*
*J'allais d'une à une autre* [...] (p. 84)

Rien ne heurte la grammaire mais le vers transforme insensiblement une expression familière (de l'une à l'autre) pour accentuer ici le caractère étranger de ces pièces qu'il semble découvrir en même temps que nous ; l'aspect onirique n'en est que renforcé. Même effet lorsque le poète antépose le complément du nom, à la manière des langues anglo-saxonnes :

*Dans le compartiment où des dormeurs*
*La tête dodelinait encore, sur la dentelle*
*Des coussins de lainage bleu* [...] (p. 89)

Ainsi peut-on percevoir des échos sonores, grâce à la répétition de la consonne dentale [d], « dormeurs » / « dodelinait », et de la consonne liquide [r], « dormeurs » / « encore », créatrice d'une atmosphère ouatée synonyme de sommeil et de confort. La place des mots n'est absolument pas gratuite.

Yves Bonnefoy a parfois recours à un procédé plus audacieux, la tmèse, dans « L'encore aveugle » *:*

*Assez d'étonnement pour s'émouvoir*
*De, par exemple, un enfant* [...] (p. 115)

La tmèse est une figure de style qui consiste à séparer des mots que la grammaire veut unis, comme un pronom personnel sujet et son verbe, ou, comme ici, une préposition et un nom dans un groupe nominal prépositionnel. Effet de surprise assuré.

La syntaxe des poèmes en prose est nettement plus sage ; on ne décèle aucune rupture de syntaxe dans « Les planches courbes » ou « Jeter des pierres ».

## Les parenthèses

Autre trait d'écriture à commenter : les parenthèses qu'utilise Yves Bonnefoy dans son recueil. On les trouve dans un long passage rapportant un souvenir d'après-midi dans « La maison natale », poème VII. Il est tout à fait étonnant que cet épisode soit mis à l'écart, ou du moins distingué, alors que deux autres de même nature le précèdent sans parenthèse. Qu'a-t-il de spécial ? Le premier se situe dans le jardin, le deuxième dans un décor urbain, sur un boulevard, le troisième dans la salle à manger. Les trois mettent en scène la figure du père. Faut-il voir dans ce traitement particulier la marque d'une plus grande intimité ? Ce passage est-il si cher au cœur du poète qu'il nous le transmette presque en secret, en cachette, en parallèle avec le reste du recueil ? C'est aussi l'ultime façon qui lui reste de gommer la page, de « barrer » ces mots.

On les retrouve peu après, poème X : là encore le poète est tourné vers le passé, mais il n'évoque plus sa mère ou son père. Sans doute nous parle-t-il de lui-même, de

*L'humaine vie précaire sur le navire* [...] (p. 95)

En fait les parenthèses traversent le recueil entier, de « La pluie d'été » (p. 46), « La voix lointaine » (p. 57), « L'encore aveugle » (p. 109), à « Rouler plus loin » (p. 123), et l'on se perdrait en interprétations si l'on tentait de les expliquer. Reste à souligner cette technique rare en poésie mais qui justifie une lecture autobiographique du recueil, car, des quatre genres littéraires principaux, le narratif et l'essai sont les seuls à l'employer habituellement.

Troisième partie

# Questions-types pour la préparation de l'épreuve littéraire

## Dans quelle mesure peut-on dire du recueil *Les planches courbes* qu'il est polyphonique ?

Un recueil polyphonique est une œuvre écrite à plusieurs voix ou dans laquelle résonnent plusieurs voix (du grec *poly* : beaucoup, *phonos* : son). Le recueil semble traversé de voix diverses. Mais ne sont-elles pas toutes les voix d'un même narrateur, autrement dit du poète ? C'est ce que nous nous proposons d'examiner, en analysant tout d'abord les différentes paroles qui parcourent l'œuvre puis en vérifiant leur rapport avec le narrateur.

Ce qui frappe, entre autres, à la lecture des *Planches courbes*, c'est la variété des voix qui traversent le recueil, et cela d'un point de vue grammatical. En effet, on y rencontre des discours directs nombreux. C'est le cas dans « Les planches courbes », section constituée en grande partie d'un dialogue entre le passeur et l'enfant, dans « L'encore aveugle » où le poète rapporte fréquemment les paroles des théologiens mais aussi de manière plus passagère et discrète, dans *Le Leurre des mots :* « Regardez, dira-t-elle, dans le seul livre / Qui s'écrive à travers les siècles, voyez croître / Les signes dans les images [...] » (p. 78). Discours direct encore dans « La Pluie d'été » mais cette fois indiqué seulement par le verbe de parole : « Bois, disait celle qui / S'était penchée / Quand il pleurait, confiant, / Après sa chute » (p. 30). Le dialogue est réduit au minimum : pas de réponse, juste un ordre. Pourtant la situation est parfaitement claire : une femme console un enfant blessé. On retrouve le même effet dans « La maison natale » *:* « Qu'allons-nous faire ? crie-t-on de toutes parts, / Ne faut-il pas aider ceux qui là-bas / Nous demandent rivage ? Oui, clame l'ombre, / Et je vois des nageurs qui, dans la nuit, / Se portent vers le navire, soutenant / D'une main au-dessus de l'eau agitée, / Des lampes, aux longues banderoles de couleur » (p. 96). On remarquera cette fois encore l'anonymat des interlocuteurs : le poète emploie le « on », pronom indéfini qui désigne théoriquement un être singulier et inconnu. Ici le complément circonstanciel « de toutes parts » renforce l'effet énigmatique de l'expression, « on » devient un ensemble de créatures inconnues, une sorte de peuple. Quant à « l'ombre », le terme n'évoque plus même une présence forcément humaine. D'autre part, l'absence de guillemets fond le dialogue dans le récit. On l'identifie bien grâce à la modalité interrogative (inversion du sujet, point d'interrogation, propositions incises), au « oui » de réponse, direct et catégorique. Mais où s'arrête cet échange de paroles ? Le pronom personnel « je » qui suit appartient-il encore au dialogue ? On pourrait poser la même question pour le poème VII de « La Pluie d'été » (p. 31) : la Terre prend-elle la parole dans les trois dernières strophes ? La typographie ne peut nous informer ; il faut se contenter d'indices moins nets comme la répétition de certains mots, tels que l'adjectif possessif « nos » et l'utilisation du subjonctif (soient, prennent, tentent, sachent, naisse, passe) qui semblent constituer un fil directeur et prouver qu'il s'agit d'un ensemble. De même, dans le poème précédent, la récurrence de l'impératif « bois » tissait ce fil pour le discours direct.

La parole peut aussi nous être transmise indirectement : « Je pourrais m'écrier que partout sur terre / Injustice et malheur ravagent le sens [...] » (p. 77). Dans ce cas, il s'agit de discours indirect potentiel car l'ensemble est au conditionnel. C'est une parole qui relève du possible. À ce discours s'en ajoutent d'autres, en particulier narrativisés. Nous assistons à des échanges sans en connaître le contenu : « [...] deux grands êtres / Se parlaient au-dessus de moi, à travers moi » (p. 85), « Et des voix, qui jetaient des ombres sur la route, / Ou m'appelaient, et je me retournais, / Le cœur précipité, sur la route vide » (p. 86), « Devant cette croisée, l'un face à l'autre, / Ils se parlent, pour une fois [...] » (p. 92)... Le lecteur se retrouve chassé du discours, comme le poète. Ils ne sont plus que de simples témoins. Il n'y a donc assurément pas une voix qui traverse le recueil mais bien plusieurs. Quelles relations entretiennent-elles avec le narrateur ?

Le recueil est en partie autobiographique. Aussi n'est-il pas étonnant de retrouver des images et des présences du passé. Pourtant ce ne sont pas leurs voix qui résonnent dans le recueil. Quelles sont-elles ? On s'aperçoit qu'Yves Bonnefoy ne fait qu'évoquer assez indistinctement les mots d'hier : ce sont des rires d'enfants, flous, perçus à distance, des « cris qui s'obstinent » (p. 97). Le locuteur avoue : « J'entends crier des voix derrière des portes » (p. 87). Le temps a laissé des souvenirs incomplets au poète, plutôt des bribes et des impressions. Lorsqu'il évoque ses parents, il emploie le discours narrativisé. Les personnages se parlent mais que se disent-ils ? Peu importe. Il suffit qu'ils communiquent et que l'enfant comprenne qu'ils ont quelque chose en commun, un lien fort et privilégié. Pourtant, le poète est comme exclu de ce dialogue, comme à l'écart. Comme nous du reste, il est clairement confronté au silence du passé. Il est en effet remarquable de voir à quel point « La maison natale » constitue une section silencieuse : les évocations du père en particulier sont inscrites sous le signe du regard : « J'apercevais mon père au fond du jardin » (p. 90), « Mais je le vois aussi, sur le boulevard, / Avançant lentement, tant de fatigue / Alourdissant ses gestes d'autrefois, / Il repartait au travail [...] » (p. 90). La scène du jeu de cartes est plus nettement encore marquée par l'absence car le père est sorti momentanément de la pièce. Tout est très descriptif mais muet. Le temps et la mort ont fait leur sinistre ouvrage et les mots sont en quelque sorte effacés. Même le chien qui jappe est une image figée sur un mur de classe. Seule voix réelle, celle de Keats résonne clairement car l'auteur cite les vers d'une œuvre qui l'a marqué, une œuvre qu'il a découverte quand il était déjà adulte et qui lui a parlé à l'âme parce qu'il comprenait particulièrement bien les sentiments exprimés : « Et alors un jour vint / Où j'entendis ce vers extraordinaire de Keats, / L'évocation de Ruth [...] » (p. 93).

Dans les autres cas, Yves Bonnefoy ne donne pas la parole à des êtres réels mais à des idées : c'est la Poésie qui s'exprime, répondant à l'apostrophe du poète dans une **prosopopée** dont l'effet est saisissant, puisqu'elle crée une personnification : « Ô poésie, / Je ne puis m'empêcher de te nommer / Par ton nom que l'on n'aime plus parmi ceux qui errent / Aujourd'hui dans les ruines de la parole. [...] « Regardez, dira-t-elle [...] » (p. 78). Le dialogue n'est pas témoignage, il est symbolique. « La voix lointaine » semble tout aussi immatérielle : « Je ne savais rien d'elle sinon l'enfance. / [...] Elle chantait, si c'est chanter, mais non, / C'était plutôt entre voix et langage / Une façon de laisser la parole / Errer [...] / Et parfois ce n'étaient pas même des mots, / Rien que le son dont les mots veulent naître, / Le son d'autant d'ombre que de lumière, / Ni déjà la musique ni plus le bruit » (p. 58). Cette voix semble constituée d'images plus ou moins confuses mais elle n'est pas l'une des voix entendues autrefois, une voix réelle, elle symbolise l'enfance. Elle est cet ensemble d'éléments qui perdure en nous de notre passé, qui ressurgit de temps à autre, avec plus ou moins d'insistance, ces mots dont on ne peut « Faire qu'ils ne remontent dans [la] parole » (p. 91).

Viennent les rejoindre les mots de la Nature : ce sont « les voix / Des rainettes le soir » (p. 11) — et le poète emploie un terme qui connote plutôt l'humain, on attendrait davantage les cris ou les coassements —, les pierres qui s'expriment : « La pierre [...] / S'en-trouvrait, se faisait une parole » (p. 39), les « branches qui avaient de toute part / Des angles, des élancements, des pointes, des cris » (p. 86). Il s'agit en réalité de la Vie qui parle au poète, à l'homme. À lui d'être attentif : « Simple te soit l'écoute ! » (p. 40). Il suffit d'être réceptif à ce que le monde nous dit : « Passant, ce sont des mots. Mais plutôt que lire / Je veux que tu écoutes : cette frêle / Voix comme en ont les lettres que l'herbe mange. / Prête l'oreille, en-tends d'abord l'heureuse abeille / Butiner dans nos noms presque effacés. » (p. 40). La vie est simple et multiple dans ses formes, et l'homme doit prendre le temps de l'écouter pour vivre en harmonie. La parole est du reste l'apanage —même imparfait— de l'homme, comme les cinq sens, car Dieu ne peut parler : « Dire : "Allons, prends, / Regarde, ne pleure plus, / Va jouer", / Il sait que c'est plus que lui » (p. 110). Dieu ne peut ressentir, ne peut voir ; il est à l'intérieur : « Mais il est ce que l'invisible, ce que la vie / Murent, dans les plus simples des mots » (p. 111).

C'est donc un recueil très vivant que *Les planches courbes*, vivant par les nombreuses références à l'oralité : voix, bruits, cris. Mais comme on a pu le constater, il s'agit essentiellement de mots symboliques et non pas toujours de références à des événements particuliers. Yves Bonnefoy nous propose une vision très poétique du langage, à la fois multiple —et par là complexe et dangereux quand il parle de la parole humaine, et en particulier de la langue littéraire— et très diversifiée, puisque la vie s'exprime de mille façons.

## « La maison natale » : rêve ou souvenir ?

Dans la mesure où plusieurs poèmes de « La maison natale » débutent par « Je m'éveillai », on peut se demander si la section a des liens avec le rêve. Cependant Yves Bonnefoy nous propose aussi des images de son propre passé. Comment rêve et souvenir peuvent-ils se mêler ? Pour répondre à cette question, nous nous proposons d'examiner les éléments oniriques des douze poèmes qui constituent la section, puis les éléments autobiographiques.

La dimension onirique semble assumée par le poète. Dans le cinquième poème de la section, il écrit : « Or, dans le même rêve / Je suis couché au plus creux d'une barque, / Le front, les yeux contre ses planches courbes / Où j'écoute cogner le bas du fleuve » et plus loin : « Trop vastes les images, trop lumineuses, / Que j'ai accumulées dans mon sommeil » (p. 87). Par ailleurs, les temps verbaux les plus fréquemment utilisés sont l'imparfait et le présent, employés ici à contre emploi puisque leur aspect itératif est mis au service d'une action semelfactive. Par exemple, « Je me penchais, je prenais dans la boue / Une brassée de branches et de feuilles, / J'en soulevais la masse, qui ruisselait / Dans mes bras resserrés contre mon cœur » (p. 86). Est-il vraisemblable que l'action se soit répétée à l'identique très souvent ? Avec les mêmes impressions ? Non, nous retrouvons ici un élément propre au rêve. De même, tout est présenté en focalisation interne, comme si nous avancions au côté du narrateur, aveugle au monde extérieur : « Je vais dans la maison de pièce en pièce, / Il y en a maintenant d'innombrables, / J'entends crier des voix derrière des portes, / Je suis saisi par ces douleurs qui cognent / Aux chambranles qui se délabrent, je me hâte [...] » (p. 87). Tout semble décousu. Les faits se suivent sans explication, les endroits varient brutalement, le narrateur les décrit et les subit. Aux personnages réels, entraperçus, comme le père ou la mère, se joignent Cérès, personnage mythologique, et des créatures inconnues assez inquiétantes comme ces « deux grands êtres » qui « se parlaient au-dessus de moi, à travers moi » (p. 85).

« La maison natale » a également de quoi surprendre le lecteur par des images qu'on pourrait qualifier de surnaturelles, et qui envahissent l'univers « normal ». C'est d'abord l'eau qui envahit la maison, dans une espèce d'inondation : « L'eau frappait les pieds de la table, le buffet », « Si haute était déjà l'eau dans la salle » (p. 83). Il semble que le narrateur n'en éprouve aucune crainte. L'imparfait donne l'impression que la situation est habituelle. L'image se poursuit dans le deuxième poème ; cette fois l'eau entre par le plafond : « Il pleuvait doucement dans toutes les salles » (p. 84). Les deux mouvements liquides se complètent, le premier paraissait horizontal, le second est vertical et les deux poussées apparaissent comme contraires : l'espace est rétréci par le bas et par le haut. C'est aussi le végétal qui assaille la maison, devenue cocon protecteur : « [...] des arbres se pressaient / De toutes parts autour de notre porte » (p. 85). Même quand la nature reste à sa place, elle peut devenir une menace, comme cette vision de naufrage nocturne : « Et je vois qu'un navire attend au large, / Noir, tel un candélabre à nombre de branches / Qu'enveloppent des flammes et des fumées. / Qu'allons-nous faire ? [...] » (p. 96), puis : « Beauté et vérité, mais ces hautes vagues / Sur ces cris qui s'obstinent. Comment garder / Audible l'espérance dans le tumulte [...] » (p. 97).

Malgré cela, « La maison natale » contient de nombreux indices qui relèvent de l'autobiographie, à commencer par l'emploi récurrent du « je », mais aussi parce que le mécanisme du souvenir est évoqué : « Et je savais que je n'aurais pour tâche / Que de me souvenir » (p. 86), « Je me souviens » (p. 90), « [...] et cruel / Le souvenir des matins de l'enfance » (p. 90), « Mais je le vois aussi, sur le boulevard, / Avançant lentement [...] » (p. 90), « Ô souvenir » (p. 95). À cela s'ajoute la citation de Keats qui demande au locuteur un travail indispensable de mémoire (le vers de Keats a été appris) et renvoie à l'enfance, puisque le sens de ce vers « était en [lui] » (p. 93). Certains lieux, également, parce qu'ils sont précisément décrits, ou parce qu'ils reviennent de nombreuses fois dans la section, prennent un sens privilégié. Ainsi, l'expression « la maison natale » revient-elle six fois, de préférence en tête des poèmes, avec des allusions de plus en plus détaillées, de plus en plus nettes : c'est d'abord l'évocation de pièces ou d'endroits (la véranda, le couloir, l'escalier, p. 83) qui semblent déserts, comme abandonnés. Puis le poète fait allusion à l'environnement (le seuil, les arbres, un hangar, pp. 85-86, le grenier, p. 94). C'est un monde proche de l'eau (le fleuve, l'estuaire, la rive, p. 87). Les indications spatiales se précisent : une salle de classe nous est présentée avec pléthore de détails : disposition (« Dans une salle encombrée de pupitres », p. 88), représentations fixées au mur (« Vois sur les murs tes premières images », « Et cette carte de géographie [...] », p. 88), éléments décoratifs décrits comme le ferait une photographie : « [...] L'Isis du plâtre / Du mur de cette salle, qui s'écaille » (p. 88). Ensuite

Yves Bonnefoy nous donne à voir un instant passé dans un train. Cela ressemble à un instantané ; il nous livre même la couleur des coussins ou la vision aperçue en route (« [...] et soudain / Cet autre feu, en contrebas d'un champ / De pierres et de vignes [...] », p. 89). Enfin, comme un point d'orgue, le poète installe une vraie scène de souvenir dans le poème central, de surcroît le plus long. Composé de trois mouvements — à la manière d'un concerto — reprenant trois étapes d'une journée, il orchestre trois rencontres avec un personnage crucial, « mon père » (p. 90). L'expression n'est citée qu'une fois, mais reprise ensuite par pas moins de dix pronoms personnels, soulignant ainsi l'éloignement progressif de la figure paternelle, disparue très tôt. Les trois scènes sont anodines ; elles relèvent du quotidien : un père qui rêve un moment dans son jardin, repart au travail après déjeuner, joue aux cartes avec son fils un dimanche. Et Yves Bonnefoy précise que c'était là leur seul loisir : « [...] il a proposé / Les cartes puisqu'il n'est pas d'autres images / Dans la maison natale pour recevoir / La demande du rêve [...] » (p. 91). On croit assister à un court métrage muet : le père sort un instant, le fils — ici différencié du narrateur par « l'enfant » qui met une distance entre ce qu'il est et ce qu'il fut — en profite pour tricher. Le poète se souvient même des sentiments éprouvés alors : « [...] puis il attend / Avec fièvre, que la partie reprenne, et que celui / Qui perdait gagne [...] » (p. 91). La figure de la mère n'est pas absente pour autant. Elle se fond avec celle du père au poème VIII, et surtout plane au-dessus de l'ensemble de la section : si les mots « qui ne savent dire » (p. 90) sont dédiés à la silhouette du père partant travailler, ils le sont aussi à « celle qui rêva à côté de moi / Dans la maison perdue » (p. 94) après le décès de l'époux, peut-être. La présence maternelle est « évasive » (p. 93) mais on peut la reconnaître encore sous les traits de Cérès. Car, si le recueil évoque la figure du père, il se remémore surtout le traumatisme de sa perte prématurée, laissant un enfant en proie à des questions sans réponse : « Qui était-il, qui avait-il été dans la lumière, / Je ne le savais pas, je ne sais encore » (p. 90).

Comment résoudre alors cet apparent paradoxe : la section peut-elle être à la fois rêve et souvenirs d'enfance ? En fait, il semble bien que l'auteur ait cherché à transcrire ses souvenirs tels qu'ils lui apparaissent, avec leur caractère incomplet et flou. Lorsqu'il décrit son père au jardin, Yves Bonnefoy a une expression qui peut nous aider à comprendre cela. Il écrit : « [...] La fatigue / Qui a été le seul nimbe des gestes / Qu'il fut donné à son fils d'entrevoir / Le détache déjà de cette rive » (p. 92). Le substantif « nimbe » est intéressant. Il signifie que l'on devinait dans les mouvements la fatigue due au jardinage mais connote la mort. Les gestes, comme les personnages, trahissent bien des sensations ou des idées. D'autre part, ils ne sont pas totalement nets, parce que les événements sont lointains désormais, le temps a fait son ouvrage sur la mémoire. Dans le souvenir de l'enfant, le geste du père exprime la fatigue, une fatigue tacite toutefois. Les impressions qui restent doivent être interprétées. Quand l'auteur nous montre une maison inondée, c'est sans doute la proximité du fleuve qui donnait à l'enfant la sensation d'avoir les pieds dans l'eau. La mémoire déforme les souvenirs. Or, le travail du poète n'est pas celui de l'historien ou de l'autobiographe qui tente de recréer la réalité passée, il conserve toute l'originalité de l'image, l'irrationalité des sensations, des impressions, y ajoutant ses réflexions d'aujourd'hui. Lorsqu'il écrit « Je m'éveillai, c'était la maison natale », faut-il y voir le souvenir d'un réveil quand il était enfant, dans la maison de ses vacances, ou faut-il comprendre que le narrateur en s'abandonnant aux souvenirs se réveille, que le monde vrai est celui du souvenir ?

Finalement, les rêves qui nous emmènent dans le passé et les souvenirs sont-ils si éloignés les uns des autres ? S'ils semblent irréels, par rapport au présent, ne sont-ils pas cependant plus vrais pour nous, puisqu'ils nous parlent la langue de notre enfance ?

## La section intitulée « Les planches courbes » est-elle un récit ou un poème ?

« Les planches courbes » semblent constituer, avec « Jeter des pierres », une anomalie dans l'ensemble du recueil. À première vue, ce texte s'apparente davantage à de la prose qu'à un poème au point qu'on peut s'interroger sur sa nature. Mais n'est-il pas au confluent des deux ? Nous verrons qu'il possède à la fois des éléments narratifs et poétiques, qu'il est, surtout, porté par une forte symbolique. Nous tenterons alors de le définir : récit poétique ou poème en prose ?

Notre section présente une rencontre entre deux personnages, scène type du roman ou du conte. Il y a « L'homme » qualifié de « géant » et l'enfant. Chacun des deux se voit caractérisé par des traits moraux relativement précis. L'enfant possède « une voix claire mais qui tremblait parce qu'il craignait d'attirer trop l'attention » (p. 101), une « légère voix cristalline » (p. 102) ; il apparaît comme timide, voire fragile comme en atteste la « voix brisée de larmes » (p. 103). L'homme est passeur, attentif quoique « absent de soi » (p. 101). L'un l'autre se définissent notamment par des dialogues. Aux questions correspondent des réponses, imitant une situation de communication réelle. On remarquera qu'au début c'est le géant qui interroge son futur passager sur son identité et ses parents puis, quand les deux personnages sont à bord, l'échange s'inverse : l'enfant pose une question et argumente pour obtenir ce qu'il veut, à savoir un père. L'ensemble est donc construit en suivant un schéma narratif, même rudimentaire. Il y a bien une progression dans l'anecdote : les deux êtres apprennent à se connaître, l'enfant en particulier se voit déterminé par un semblant d'histoire, de passé, même si celui-ci paraît bien énigmatique. La première partie du récit fait du reste songer au dialogue entre l'aviateur et le petit prince de Saint-Exupéry : même ton, même curiosité de l'enfant, même rôle dévolu à l'adulte qui doit apporter des réponses parfois difficiles. Par ailleurs, la scène se déroule dans des circonstances bien précises. Il fait nuit. Le narrateur souligne « La clarté de la lune [...] posée sur l'eau du fleuve » (p. 101), qui fonctionne comme un effet de réel. Nous sommes tout près d'une rive ornée de joncs, l'auteur spécifie que le fleuve n'est pas large. Une barque flotte sur l'eau. On pourrait même noter, outre le dénouement, un registre plutôt réaliste. Le dialogue est vraisemblable, la situation également. Ce qui surprend, c'est évidemment la fin du texte. Sous le poids des deux personnages qui s'accroît sans cesse pour une raison inconnue, la barque s'évapore pour ainsi dire : « L'esquif ne coule pas, cependant, c'est plutôt comme s'il se dissipait, dans la nuit [...] » (p. 104). Le texte prend alors la dimension d'une légende ; nous songeons bien sûr à celle de Saint Julien L'Hospitalier rapportée par Flaubert dans ses *Trois Contes*. Le passager grandit de la même manière : « la petite jambe, qui est immense déjà » (p. 104) et l'espace aquatique décrit, le fleuve, se confond avec l'univers dans une véritable apothéose : « [...] il nage dans cet espace sans fin de courants qui s'entrechoquent, d'abîmes qui s'entrouvrent, d'étoiles » (p. 104). Même dimension cosmique à la fin des deux récits, même utilisation du merveilleux. « Les planches courbes » semblent donc bien apparentées au genre du conte. Et pourtant le texte ne détonne pas dans le recueil. Pourquoi ?

Tout d'abord, le lecteur retrouve dans cette section des éléments qui traversent tout le recueil et constituent en quelque sorte son ossature : la nuit, la barque et ses planches courbes, l'enfant, autant de figures récurrentes qui forment l'unité de l'ensemble. Ainsi avons-nous croisé déjà un « nautonier, plus grand que le monde » (p. 74) associé aux étoiles et à la nuit. Ainsi avons-nous déjà entrevu la dislocation de la barque :

*Les planches de l'avant de la barque, courbées*
*Pour donner forme à l'esprit sous le poids*
*De l'inconnu, de l'impensable, se desserrent* (p. 76)

Déjà le narrateur s'est-il

> [...] *couché au plus creux d'une barque,*
> *Le front, les yeux contre ses planches courbes*
> [...]
> *Et tout d'un coup cette proue se soulève* [...] (p. 87)

Aussi se tisse-t-il un réseau d'éléments récurrents qui donne sa place à notre section à la manière d'une pièce de puzzle. De plus, un système d'échos internes structure « Les planches courbes ». Par exemple, Yves Bonnefoy emploie la même expression, à la manière d'un refrain qui scande une partie du texte :

> *– Oh, je ne sais pas, dit l'enfant. – Comment, tu ne sais pas !* [...] *"Je ne sais pas" dit-il à nouveau, assez vite. Tu ne sais pas ! Mais tu sais bien* [...] (p. 101)

Les répétitions s'enchaînent suivant des rythmes variables :

> [...] *quand on te fait signe, quand on t'appelle ? / – On ne m'appelle pas. / – On ne t'appelle pas quand il faut rentrer* [...] *? Quand tu as joué dehors* [...] *pour ton repas, pour dormir ? N'as-tu pas un père, une mère ?* (pp. 101-102)

On aura également remarqué le phrasé caractéristique du poète. En effet, Yves Bonnefoy privilégie en général les vers courts. Or, ici, les propositions sont découpées en groupes brefs par la ponctuation. Dès la première phrase, l'effet est saisissant : « L'homme était grand, très grand, qui se tenait sur la rive, près de la barque » (p. 101). On croirait lire quatre vers, d'autant que le poète a l'habitude de ne pas les rimer et de varier les mètres. Parfois la phrase suit même une syntaxe régulière. Ainsi l'énoncé : « Il tenait serrée dans sa main la petite pièce de cuivre » apparaît-il comme deux octosyllabes joints. De même la phrase : « Mais alors il y a ces jeunes et douces femmes, dit-on, qui allument le feu, qui vous assoient près de lui, qui vous chantent une chanson » (p. 102) peut se découper en un alexandrin, suivi de quatre séquences de 2, 6 et deux fois 7 syllabes. Si l'on considère que l'alexandrin est une paire d'hexasyllabes, nous voilà avec un rythme en 6,6,2,6,7,7 donnant la sensation d'une certaine régularité, créatrice ici de douceur, renforcée par la répétition de la syllabe [chan] mimant peut-être les berceuses de l'enfance. Le texte est construit, on le voit, comme un poème, avec une attention spéciale portée aux rythmes et aux sonorités.

Comment concilier poésie et récit autrement qu'en un récit poétique ou un poème en prose ? Car, on le sent bien à la lecture, l'enjeu du poète n'est pas de raconter : **le récit a une autre dimension**, symbolique. Comme dans l'ensemble du recueil, Yves Bonnefoy nous parle de l'absence du père. L'enfant l'aura à peine connu : « Après quoi deux voies se séparent, et l'une d'elles / Se perd, et presque tout de suite, et ce sera / Tout de même l'oubli, l'oubli avide » (p. 91). Nous le comprenons ici, la recherche du père est liée à une quête d'identité. En effet, quand le géant interroge l'enfant sur son nom, celui-ci est incapable de répondre. Or le nom est patronymique. Cela induit que l'enfant n'a pas de père, ce qui se vérifie : « Un père, dit-il, qu'est-ce que c'est ? » (p. 102). Il faut donc à l'homme définir la notion de père. Remarquons à ce propos que sa définition est plus sentimentale et poétique que législative : « Un père ? Eh bien, celui qui te prend sur ses genoux quand tu pleures, et qui s'assied près de toi le soir lorsque tu as peur de t'endormir, pour te raconter une histoire » (p. 102). Le père est défini comme celui qui peut anéantir la peur et la souffrance par la seule puissance de sa présence ou de sa parole. Si le géant ne peut pas être un substitut paternel, autant se taire car les mots ne peuvent pas remplacer le père :

> *Il faut oublier tout cela, répond le géant, à voix basse. Il faut oublier ces mots. Il faut oublier les mots* (p. 104)

Mais comment se connaître, si l'on n'a pas connu son père, si l'on n'a pas eu d'exemple paternel ? Comment se construire ? Si le passage du fleuve est bien la traversée vers un autre monde, n'est-ce pas l'espérance de retrouver cette figure indispensable qui donne les forces d'avancer ? À moins que cette traversée ne permette d'entrer dans le monde poétique, où les abîmes deviennent des étoiles et où l'enfant devient, à son tour, immense. Alors, bien sûr, il est toujours hasardeux de « traduire » un récit symbolique, de tenter d'en donner une explication plate. Mais quand nous lisons : « Souvent on n'a pas eu de père [...] » (p. 102), la formule généralisante signifie sans doute que peu de pères correspondent à la définition proposée — on peut être un géniteur sans être un père. On songe aussi forcément à une dimension autobiographique.

Comment définir le texte lui-même, entre récit poétique et poème en prose ? Certes, on pourrait se fonder sur l'étendue de l'œuvre : un récit poétique est plus développé qu'un poème en prose qui dépasse rarement une page. Mais, on le sait quand on tente de distinguer le conte de la nouvelle et du roman, ces critères ne sont pas toujours probants. Revenons donc sur la pensée du poète. Pour Yves Bonnefoy, le récit et la fiction sont apparentés. Ils appartiennent au domaine de la langue, par opposition à celui de la parole, auquel appartient le poème. La langue est constituée de règles, c'est un système ; la parole est plus libre, c'est « une force en nous plus ancienne que toute langue ; une force, notre origine », écrit-il dans ses *Entretiens sur la poésie* (p. 34). Si le roman, qui répond à des exigences littéraires particulières (schéma narratif, personnages, intrigue...), peut relever de la langue, le poème, lui, est une expression moins structurée, qui tente de dire l'essentiel, sans *prendre les formes*, plus authentique en un sens. Lui, relève de la parole. Dans le sens où « Les planches courbes » s'apparentent clairement aux autres poèmes du recueil, par leur thématique et leur objectif symbolique — on le voit bien par exemple aux dialogues qui n'ont pas pour dessein d'être réalistes —, cette section peut être qualifiée de poème en prose puisque c'est l'aspect poétique qui prime sur le narratif.

Comme on a pu le constater, « Les planches courbes » semblent se différencier des autres sections par la forme. Prose, dialogue suivi entre deux personnages, apothéose merveilleuse, tout cela fait songer plutôt à une légende au premier abord. Pourtant nous retrouvons les thèmes chers à Yves Bonnefoy dans ce recueil : l'enfant, le passage, la figure du père et son absence, ainsi que des rythmes poétiques. Cette section apparaît donc plutôt comme un poème en prose. Mais cela souligne à quel point toute tentative de typologie des textes se heurte toujours à la créativité du poète.

# Lexique

**Allégorie :** image qui consiste à représenter une idée par une personne ou un tableau (ex : *le squelette tenant une faux est une allégorie de la mort*).

**Allitération :** répétition du même son consonantique.

**Amer :** construction fixe et très visible située sur une côte et servant de repère aux bateaux en mer.

**Assonance :** répétition du même son vocalique.

**Bucolique :** relatif à la vie des bergers ou à la poésie pastorale.

**Chiasme :** parallélisme inversé (figure de construction qui suit le schéma ABBA). Chiasme rythmique : parallélisme inversé de 4 mesures rythmiques. On parle également de chiasme phonique (sons), sémantique (sens des mots) ou grammatical (fonctions des mots ou groupes).

**Chtonien :** relatif aux divinités de la terre et du monde souterrain.

**Ellipse :** sous-entendu, omission. En linguistique, l'ellipse consiste à ne pas exprimer un mot. Par exemple, on fait l'ellipse du verbe être dans une phrase nominale. On parle également d'ellipse temporelle dans un récit dans lequel une période plus ou moins longue est passée sous silence.

**Embrayeur :** Jakobson nomme ainsi les mots dont le sens varie suivant les coordonnées de l'énonciation (ex : *je, ici, maintenant*...).

**Ennéasyllabe :** vers de neuf syllabes, se situant donc entre l'octosyllabe et le décasyllabe.

**Épigraphes :** brèves citations mises en tête d'un livre, d'un recueil, d'un chapitre.

**Hagiographie :** littérature traitant de la vie des saints et de leur culte. Elle s'est développée au Moyen Âge.

**Hendécasyllabe :** vers de 11 syllabes.

**Hermétisme :** caractère de ce qui est difficile à comprendre.

**Hiatus :** en linguistique, rencontre de deux voyelles à l'intérieur d'un mot ou entre deux mots. Dans la langue courante, le hiatus est une interruption entre deux faits ou deux ensembles qui auraient dû rester joints.

**Ïambe :** mesure de vers composée d'une syllabe brève et d'une longue accentuée (expression employée en métrique ancienne, grecque et latine). Le vers ïambique est le plus commun en anglais et donne l'impression d'un effort soutenu. L'ïambe utilisé dans un poème rend son intonation montante (en anglais : *rising meter*).

**Intuitiste :** le groupe artistique intuitiste, formé pour la première fois en 1999, regroupe des poètes, des écrivains, des peintres, des sculpteurs, des photographes pratiquant un art privilégiant l'intuition. Cf. Éric Sivry, *Les Celtes*, suivi de *Pour un Art de l'intuition*, éd. Anagrammes, Perros-Guirec, 2004.

**Isométrie :** utilisation de vers dont le mètre (longueur) est égal. Antonyme : hétérométrie.

**Mètre :** dans la prosodie grecque et latine, ensemble de mesures constituées de syllabes longues ou brèves. Le mot désigne aujourd'hui la longueur du vers, c'est-à-dire son nombre de syllabes.

**Parataxe :** en linguistique, procédé syntaxique qui consiste à juxtaposer des phrases ou des propositions sans explicitation du rapport logique qui les unit (ex : *les enfants courent ; les oiseaux s'envolent* pour *les enfants courent donc les oiseaux s'envolent*).

**Prédicat :** Ce qu'on dit du thème de la phrase. Dans l'exemple : « Paul est beau », le thème est ce dont on parle (Paul), et le prédicat est ce qu'on en dit (il est beau).

**Syllepse :** en linguistique, on distingue deux types de syllepses. La syllepse de sens consiste à employer un mot dans son sens concret et dans un sens abstrait, simultanément. C'est une forme de jeu de mots. La syllepse grammaticale est le rapprochement dans une même construction syntaxique de mots accordés en fonction du sens et non des règles (ex : *une personne me disait qu'il avait attendu longtemps*).

**Synecdoque :** trope qui permet de désigner un objet par un terme dont le sens inclut celui du terme propre ou est inclus par lui (ex : *une voile* pour un navire).

**Synesthésie :** trope qui fait l'association dans une métaphore de registres sensoriels différents.

**Syntagme :** unité syntaxique élémentaire, comme le groupe nominal dans une proposition.

**Vers libre :** en poésie classique, vers de mètres et de rimes réguliers disposés librement. Dans la poésie moderne, vers dégagés de toute règle prosodique.

# Bibliographie

## Œuvres d'Yves Bonnefoy


### Ouvrages poétiques

*Poèmes*, contenant : Du Mouvement et de l'immobilité de Douve, Hier régnant désert, Pierre écrite, Dans le leurre du seuil, Gallimard, coll. « Poésie/ Gallimard », N.R.F., mars 1982.

*Rue Traversière*, Gallimard, coll. « Poésie/Gallimard », N.R.F., mai 1995.

*La Vie errante*, Gallimard, coll. « Poésie/Gallimard », N.R.F., août 1997.

*L'Arrière-pays*, Gallimard, coll. « Poésie/Gallimard », N.R.F., mai 1998.

*Les planches courbes*, Gallimard, coll. « Poésie/Gallimard », N.R.F., mai 2003.

### Essais

*Entretiens sur la poésie* (1972-1990), Mercure de France, mai 1992.

*La petite phrase et la longue phrase*, La TILV Anagrammes éditeur, avril 1994.

*La Vérité de parole* et autres essais, Gallimard, coll. « Folio », n° 272, août 1995.

*L'Improbable* et autres essais, Gallimard, coll. « Folio », n° 203, novembre 1996.

*Le Nuage rouge*, Gallimard, coll. « Poésie/Gallimard », N.R.F., mai 1999.

*Sous l'horizon du langage*, Mercure de France, septembre 2002.

« Événements d'écriture » in *La Tribune*, revue éditée par La TILV Anagrammes, n° 37-38, Perros-Guirec, mai 2005.


## Œuvres critiques sur Yves Bonnefoy


Jackson (John E.), *Yves Bonnefoy*, Seghers, coll. « Poètes d'aujourd'hui », avril 1976.

*Yves Bonnefoy*, œuvre collective dirigée par Jacques Ravaud, « Le Temps qu'il fait » éditeur, Cahier onze, janvier 1998.

Starobinski (Jean), *Préface*, in *Poèmes*, Gallimard, coll. « Poésie/Gallimard », N.R.F., mars 1982.

## Outils d'analyse

Aquien (Michèle), *La Versification*, P.U.F., coll. « Que sais-je ? », n° 1377, avril 1992.
Dupriez (Bernard), *Gradus, Les procédés littéraires*, U.G.E., coll. « 10/18 », janvier 1984.
Grimal (Pierre), *Dictionnaire de la mythologie grecque et romaine*, P.U.F., avril 1982.
Mazaleyrat (Jean), *Éléments de métrique française*, Armand Colin, coll. « U2 », 1981.
Sivry (Éric), *Les Celtes*, suivi de *Pour un Art de l'intuition*, éd. La TILV Anagrammes, 2004.
Suhamy (Henri), *Les Figures de style*, P.U.F., coll. « Que sais-je ? », n° 1889, 1981.
Suhamy (Henri), *Versification anglaise*, Ellipses, coll. « Universités anglais », 1999.

## Pour compléter, aux éditions Ellipses

### Sur la poésie

Fauconnier (Denis), *À la découverte de la poésie*, Ellipses, coll. « Réseau », 2000.
Frontier (Alain), *La poésie*, Belin, coll. « Sujets », 1992.
Bancquart (Marie-Claire), *La poésie en France. Du surréalisme à nos jours*, Ellipses, coll. « Thèmes et études », 1996.

### Le parallèle avec Ovide

Durvye (Catherine), *Ovide, Les métamorphoses, Livres X, XI, XII*, Ellipses, coll. « Réseau Diagonales », 2005.
Verhulst (Gilliane), *Répertoire mythologique dans les Métamorphoses d'Ovide*, Ellipses, 2005.

# Table des matières



## Première partie
## Étude de l'œuvre



## Deuxième partie
## Les thèmes

Troisième partie

## Questions-types pour la préparation de l'épreuve littéraire



Achevé d'imprimer en octobre 2005 par Normandie Roto Impression s.a.s., 61250 Lonrai
N° d'impression : 052844 - dépôt légal : octobre 2005 - *Imprimé en France*